Norbert Eisold

Schlösser und Gärten in und um Dresden

mit Fotos von Stefan Jarmer

HINSTORFF

Bildnachweis:

Norbert Eisold, Berlin:
Seiten 127, 145, 171, 180

SLUB Dresden, Deutsche Fotothek:
Seiten 13 (Aufnahme: Regine Richter), 16 (Walter Möbius), 49 (Manfred Thonig), 51 (Regine Richter), 52, 53 (beide Walter Möbius), 63, 68 (Walter Möbius), 69 (Walter Hahn), 74, 114 (Walter Möbius), 123, 125 (beide André Rous), 134, 137 (beide Christa Hüttel), 138, 148 (beide Regine Richter), 150 (Hans Reinecke), 156 (Henrik Ahlers)

Alle anderen Aufnahmen: Stefan Jarmer, Dresden

Karte Seiten 6/7: Stefan Jarmer, Dresden
Gartenpläne: Hinstorff Verlag, Stephan Schröder

Titelbild: Blick über die Elbe auf Schloss Eckberg, Lingnerschloss und und Schloss Albrechtsberg (von vorne nach hinten)

Rücktitel: Schloss Pillnitz, Bergpalais

Seite 1: Barocker Gartenpavillon und Scheinzypressen im Park von Schloss Weesenstein

Seite 2: Zwinger, Giebelschmuck am Deutschen Salon

Bibliografische Information Der Deutschen Bibliothek
Die Deutsche Bibliothek verzeichnet diese Publikation in der Deutschen Nationalbibliografie; detaillierte bibliografische Daten sind im Internet über http://dnb.ddb.de abrufbar.

Lagerstraße 7, 18055 Rostock
Tel. 0381/4969-0
Internet: http://www.hinstorff.de

1. Auflage 2008

Herstellung: Hinstorff Verlag GmbH
Lektorat: Thomas Gallien
Druck und Bindung: Neumann & Nürnberger, Leipzig
Printed in Germany
ISBN: 978-3-356-01108-1

Inhalt

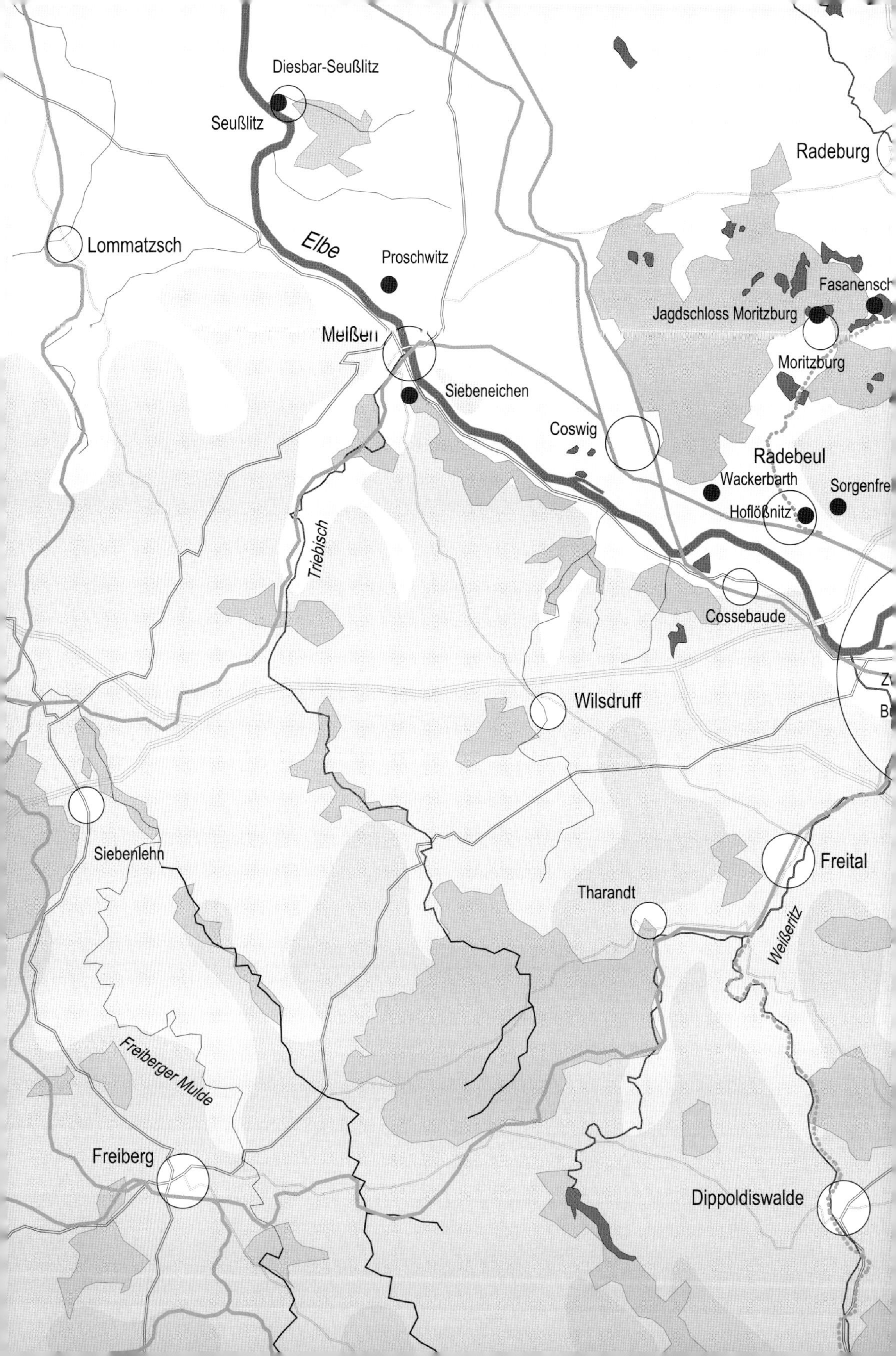
Diesbar-Seußlitz
Seußlitz
Radeburg
Lommatzsch
Elbe
Proschwitz
Fasanensch
Jagdschloss Moritzburg
Meißen
Moritzburg
Siebeneichen
Coswig
Radebeul
Wackerbarth
Sorgenfre
Hoflößnitz
Triebisch
Cossebaude
Wilsdruff
Siebenlehn
Freital
Tharandt
Weißeritz
Freiberger Mulde
Freiberg
Dippoldiswalde

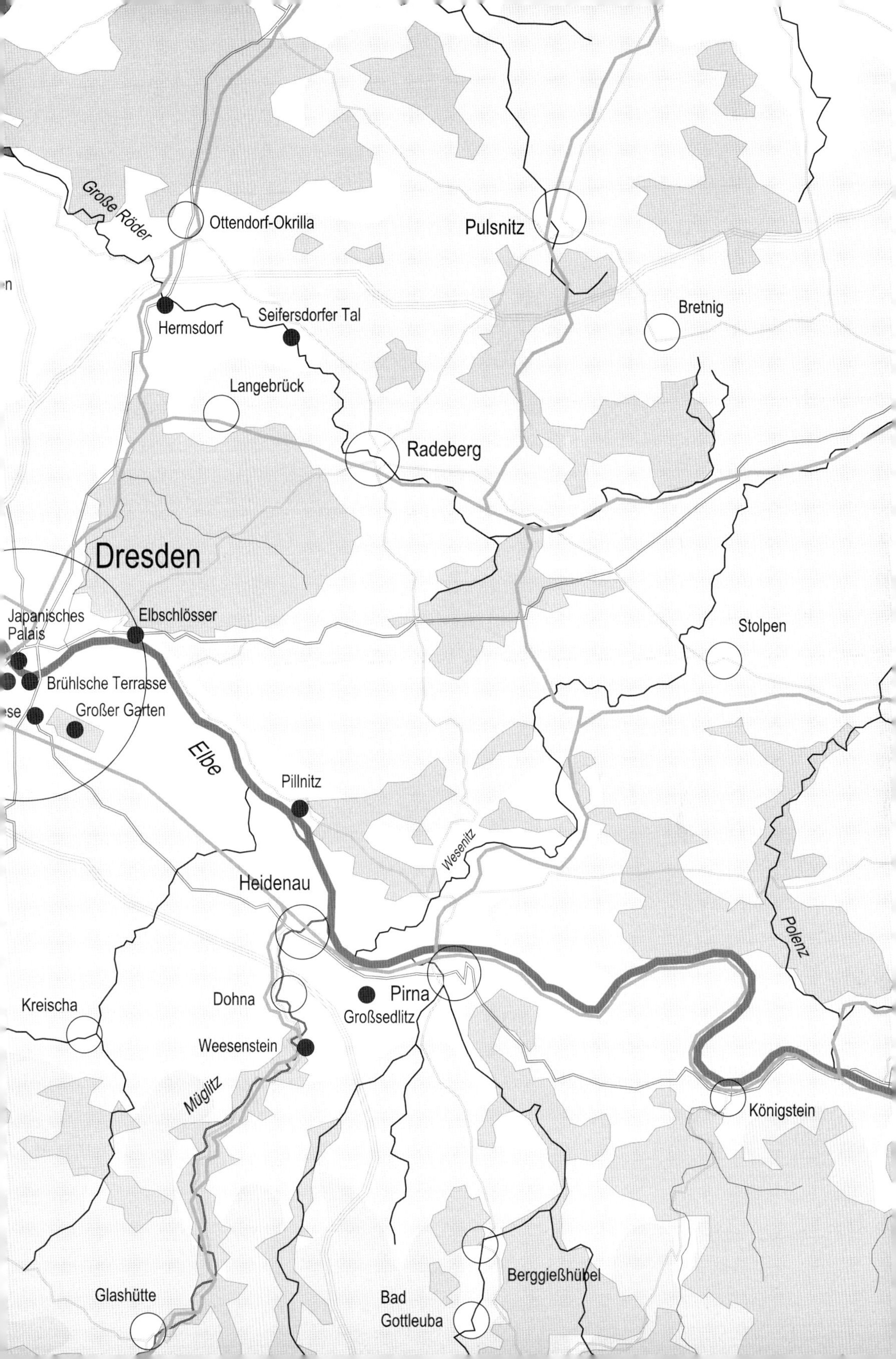

Große Röder
Ottendorf-Okrilla
Pulsnitz
Hermsdorf
Seifersdorfer Tal
Bretnig
Langebrück
Radeberg
Dresden
Japanisches Palais
Elbschlösser
Stolpen
Brühlsche Terrasse
Großer Garten
Elbe
Pillnitz
Wesenitz
Heidenau
Polenz
Dohna
Pirna
Großsedlitz
Kreischa
Weesenstein
Königstein
Müglitz
Berggießhübel
Glashütte
Bad Gottleuba

Schlösser, eingebettet in Gärten

Dass es am Ende des Zweiten Weltkrieges, den auch mein Vater mitgemacht hatte, durch Bomben zerstört worden und verbrannt war, ist das erste gewesen, was ich als Kind über Dresden hörte. Bis zu uns ins Dorf, so wurde erzählt, habe der Wind das verbrannte Papier getrieben. Außerdem hatte August der Starke (1670–1733) dort gelebt, ein König, der mit bloßen Händen Hufeisen zu biegen vermocht, seinen Daumenabdruck auf einem eisernen Brückengeländer hinterlassen und 365 Kinder »gemacht« hatte. In einem Jahr? Mit 365 Frauen? Eine davon jedenfalls war Gräfin Cosel (1680–1765) gewesen, die er später auf die Burg Stolpen verbannte. Die Burg auf der Basaltkuppe nahe meines Heimatdorfes war ein beliebtes Ziel für schulische Wandertage und die seltenen Familienausflüge.

Jeden Herbst aber fuhren wir nach Moritzburg, zur »Hengstparade«, und besuchten dann oft auch das mächtige Inselschloss des sächsischen Königs. Überall an den Wänden hingen monströse Geweihe und unter der Brücke, von der wir danach über den See blickten, schwammen riesige Karpfen. Ihre Rücken waren so vollkommen und dick mit Moos bewachsen, dass ich meine Schwester ernstlich fragte, ob vielleicht auch diese Fische noch »von ihm« sein könnten.

Schwer zu sagen, inwieweit dieser Humus obskuren Kindheitsbewusstseins dazu beigetragen hat, dass ich später gerade in Großsedlitz eine initiale Ahnung davon bekam, was insbesondere barocke Gartenkunst bedeutet. Mir erschien das Ganze wie ein grüner, in geometrische Formen geschnittener maschinenartiger Wille, ein in gewisser Weise herrschsüchtiger, doch zugleich faszinierender, kühner Gedanke, der mit seinen Sichtachsen nicht nur visuell, sondern tatsächlich in das sanfte vorgebirgliche Hügelland hinausgriff, welches ihn umgab.

Gleichsam synonym für die Zeit, in welcher die Großsedlitzer Anlage entstand, steht in Sachsen die in ihrer Bedeutung bis heute umstrittene Persönlichkeit von Friedrich August I., der als König in Polen August II. war und unter seinem Beinamen »August der Starke« legendäre Popularität erlangte. In der Figur des »Herkules Saxonicus« mythologisierte man ihn zum Halbgott und erhob eben jene Jahre, während der er und sein Sohn Friedrich August II. (1696–1763) regierten, in den Ewigkeitsrang eines Zeitalters.

Dieses »Augusteische Zeitalter« hat insbesondere Dresden und seine Umgebung auf so nachhaltige Weise geprägt, dass die Stadt bis heute ihren Ruf als europäische Kunst-

Großsedlitz, Blick vom unteren Orangerieparterre Richtung »Stille Musik«

metropole wesentlich aus dessen Leistungen begründet. Selbst einem Dichter wie Durs Grünbein, der dem Bannkreis des Genius loci früh ins lakonische Berlin entwich, nötigte die Stadt immer wieder Verse ab, die auf diese Epoche Bezug nehmen. Einmal erscheint sie ihm als königliches Puzzle, ein andermal als barockes Wrack. »[...] von so einer Stadt/«, heißt es 1996, »Träumt man leicht bis man schwarz wird./Auch ohne Tränen sieht man die Farben zerfließen.//Über dem grausam zerschlissenen Brokat/Benimmt selbst der Himmel sich kindisch«.[1]

Damals komplettierte die wieder aufgebaute Frauenkirche mit ihrer prächtigen Kuppel noch nicht die berühmte, während des Zweiten Weltkriegs zerborstene Silhouette unter dem sächsisch-florentinischen Himmel. Und es ist merkwürdig, obschon vieles unterging oder Fragment blieb in augusteischer Zeit, immer scheint alles Übrige, selbst das unbestreitbar Bedeutende, gleichsam »nur« Vorbereitung oder Nachklang dieses wirkmächtigen Furioso. In den großen barocken Schloss-Garten-Anlagen, die in und um das seit Ende des 15. Jahrhunderts zur Residenzstadt der sächsischen Herzöge und Kurfürsten ausgebaute Dresden entstanden, fand es den sinnfälligsten künstlerischen Ausdruck. Wobei das Residenzschloss selbst, jener auf eine mittelalterliche Burganlage zurückgehende Bau, in dem sich Stilrichtungen von der Romanik bis zum Historismus vereinigen, ohne eigenen Park oder Garten blieb (weshalb dieser Baukomplex in diesem Buch auch nicht ausführlich dargestellt wird). Allerdings korrespondiert der ehemalige Hauptsitz der sächsischen Kurfürsten und Könige mit dem sich in enger Nachbarschaft befindlichen Zwinger und den Brühlschen Terrassen.

Gerade in seinen großen barocken Gärten ist die augusteische Zeit bis heute lebendig geblieben. Der ambitionierte sächsische Kurfürst und König in Polen folgte dem großen Vorbild des französischen Königs Ludwig XIV. (1638–1715), der sich in Versailles, vor den Toren von Paris, gegen alle Widrigkeiten »das gewaltigste Ordnungsgefüge der abendländischen Architektur- und Gartengeschichte«[2] hatte anlegen lassen, bestehend aus einer Stadt, gigantischen Park- und Gartenanlagen sowie mehreren Schlössern. Dort regierte Ludwig als Apoll, als Sonnenkönig. Ein Regierungspalast von der Größe, wie der Franzose ihn sich hatte errichten lassen, taucht immer wieder auch in den Planungen des sächsischen Hofbauamtes auf, ist aber nie realisiert worden.

Und Friedrich August I. hatte den venezianischen Canal Grande im Kopf, wenn er seine großen Garten- und Schlossprojekte nicht nur auf die Elbe ausrichtete, sondern den Fluss selbst als Festort und Promenade in die Planungen einbezog. Pillnitz ist hier ohne Zweifel das grandios verwirklichte Beispiel. Aber auch ein Idealplan des Zwingergartens führt bis an die Elbe hinab. Der Zwinger wäre damit ebenso mittels eines kleinen Hafens direkt mit dem Fluss verbunden gewesen wie das gegenüberliegende Japanische Palais oder das flussabwärts gelegene, seit Jahren vom Verfall bedrohte Schloss Übigau, dessen verwilderter Park immerhin seit Mai 2008 wieder zugänglich ist.

Das zweigeschossige Schloss war 1724–26 durch Eosander von Göthe (1669–1728) für den Kabinettsminister Heinrich von Flemming (1667–1728) erbaut, dann aber von Friedrich August I. erworben und durch ihn und seine Nachkommen als Lustschloss genutzt worden. Als es nach der Einquartierung französischer Truppen und mehreren Plünderungen während der Befreiungskriege zusehends verfiel, versteigerte es der sächsische Hof 1831 an einen Amtszimmermeister, der es renovierte und nach sieben Jahren abermals veräußerte. Seitdem diente das Haus vor allem verschiedenen Wirtschaftsunternehmen als Büro- und Verwaltungsgebäude. Zuletzt residierte der »VEB Dampfkesselbau Übigau« in dem einstigen Lustschloss der sächsischen Kurfürsten.

Das Schicksal Übigaus steht glücklicherweise nicht exemplarisch für die höfischen Schloss-Garten-Anlagen, welche unter der Herrschaft Augusts des Starken in der sächsischen Residenz und ihrem näheren Umland entstanden. Aber es ist ein deutlicher Hinweis darauf, dass auch sie nicht außerhalb der unnachgiebig mahlenden Zeit, ihrer Umbrüche und Zerwürfnisse und ihrem oft kontrapunktischen Gedankengang auf uns gekommen sind. Sie sind in viel größerem Maße Zeugnisse einer widersprüchlichen Geschichte als das auf den ersten Blick scheinen mag.

Auch aus rein gartenhistorischer Sicht trifft diese Aussage zu. So wurde etwa im Moritzburger Wildgarten Ende des 18. Jahrhunderts dem Zeitalter der Empfindsamkeit gehuldigt und in Pillnitz entstand eine Anlage nach englischer Manier und der romantische Friedrichsgrund. Dresdens Großer Garten mit seinen mächtigen barocken Wegachsen birgt gestalterische Elemente aus mehr als 300 Jahren Gartengeschichte. Sie reichen von den noch ganz im Denken der Renaissance befangenen ersten Planungen aus der Mitte des 17. Jahrhunderts bis zu den pragmatischen Gestaltungen eines Volks- und Vergnügungsparks des 20. Jahrhunderts. Er bildet damit gleichsam einen Fond für all jene Exempel der Gartenkunst verschiedener Epochen, die bis heute in und um Dresden zu entdecken sind.

Die barocken Großanlagen des Kurfürst-Königs animierten vor allem Angehörige des Hofes, ihrem Herrscher nachzueifern. Die eigenartige Anlage von Seußlitz, Wackerbarths Ruhe und die imposante Hermsdorfer Wasserachse als beherrschendes Element des dortigen Schlossparks sind weitgehend gut erhaltene, originäre Beispiele hierfür. Das intime Haus Sorgenfrei in Radebeul stellt schon ein späte, bürgerliche Facette im Geiste des in den Klassizismus spielenden Rokoko dar. In der sogenannten Gartenrevolution, die in den Formen des englischen Landschaftsgartens eine idealisierte Natur feierte, im einzelnen Baum ein Symbol für das menschliche Individuum entdeckte und Gefühlen und Empfindungen freien Raum schenkte, stand das höfische Establishment eines so bedeutenden Kurfürstentums wie Sachsen verständlicherweise nicht an der Tete. Hier waren es insbesondere Außenseiter der Macht, die diese Gartenform zur öffentliche Präsentation ihrer Weltsicht und zum Transport ihrer aufklärerischen Ambitionen entwickelten. Das vor allem durch Christina von Brühl (1746–1811) gestaltete Seifersdorfer Tal hat in diesem Zusammenhang einen besonders individuellen, eigenständigen Beitrag zur Gartenkunst der Romantik geleistet. Spätestens Mitte des 19. Jahrhunderts schon begann aber die Rückkehr zu regelmäßig geometrischen Gestaltungsprinzipien und es entstanden Mischformen wie sie in Dresden bis heute exemplarisch am Albrechts- und am Lingnerschloss über dem innerstädtischen Elbtal weitgehend erhalten blieben.

Der in die Gartenanlage am Lingnerschloss implantierte Weinberg und das kleine Mausoleum, das dort unmittelbar angrenzend 1921 erbaut worden ist, weisen nicht nur auf Leben und Tod hin. Es sind zugleich Reminiszenzen an die beiden Ursprünge der Gartenkunst überhaupt, die in der freien Natur angelegte Kultstätte und den Nutzgarten, der im Dresdner Elbtal in besonders strukturierter Form als Weingarten an vielen Stellen das Bild dieser durchkultivierten Landschaft prägt.

Im Weinberg des Herrn – Hoflößnitz

Ein Bild aus dem »Klein Vincultur-Büchlein« des Johann Paul Knohll (1629–1702) aus dem Jahr 1667 zeigt das »Churfl:Sächs:Lößniz«, kurz Hoflößnitz (Farbtafel 2), vor allem als Wirtschaftshof: ein Staketenzaun, der das Auge auf zwei sperrangelweite Tore zuführt, dahinter ein trapezförmiger Hof, gesäumt von verschiedenen Gebäuden und einem langen Balustradengang. Im Hintergrund der Anlage sind eine Wappensäule zu sehen und ein Fuhrwerk. Davor mehrere Figuren, die allesamt Traubenkiepen auf ihren Rücken tragen und offenbar ziellos den Hof queren, was besonders merkwürdig ist, denn alles sonst spricht hier vom zweckvollen Eingriff der menschlichen Hand in die Natur. Irgendwie, so scheint es, musste der Künstler sich helfen, um den ansonsten leeren Hof zu beleben. Als Umfeld gab er schließlich eine Hügellandschaft sowie einige verstreut darin liegende

Hoflößnitz, Stich aus dem »Klein Vincultur-Büchlein« von Johann Peter Knohll

Gebäude an und hoffte offenbar, dass die Punkte und luftig in Reihen gesetzten Gebilde vom Betrachter als Weinstöcke identifiziert würden. Als was auch sonst, in einem »Weinbüchlein«!

Diejenigen Besucher, welche sich der Anlage vom Elbtal her näherten, dürften aber schon damals jenen mächtigen weißen Kubus als dominierende Größe des Ensembles empfunden haben, das auf dem historischen Stich etwas an die Seite gerückte »Berg- und Lusthaus«. Das schmucklose, von Fensterpaaren streng und sachlich rhythmisierte Haus wurde in seinem Obergeschoss in ausgestellt bescheidener, schnell zu realisierender Fachwerkbauweise ausgeführt und von einem mächtigen Walmdach geschlossen. Weniger als einem künstlerischen Stil scheint seine Gestalt einem grundsätzlichen bauenden Geist verpflichtet, der hier überall in der Landschaft seine Spuren hinterlassen hat. Er errichtete nicht nur die Häuser und schichtete die Trockenmauern auf, sondern pflanzte auch die Raster der Rebflächen, die hinter dem Lusthaus und über es hinaus in schmalen Terrassen steil gegen den Horizont der Elbtalkante steigen und den Weinberg bilden, den man »Goldener Wagen« nennt.

Den Weinstock könnten möglicherweise schon slawische Sorben aus dem Kaukasus ins Elbtal gebracht haben. Sie begannen seit dem 5./6. Jahrhundert hier zu siedeln. Zahlreiche der Orts- und Flurnamen weisen auf ihre Gründerschaft. Lößnitz etwa leitet sich vom sorbischen »Lesnica«, das heißt Waldbach, ab. Die legendäre Zuweisung, dass Bischof Benno von Meißen (um 1010–1106) es war, dem die Region den Weinbau verdankt, liegt der historischen Wahrheit doch ebenso nahe. Wein und Weinanbau besaßen für das frühe Christentum nicht allein mythologische, sondern auch ganz alltägliche, wirtschaftliche Bedeutung. Wo die klimatischen Bedingungen es zuließen, war die christliche Kolonisation nördlich der Alpen immer mit dem Anbau von Wein verbunden, der als Nahrungs- und Rauschmittel, als Medizin und im Gottesdienst Verwendung fand.

So kam es auch im Gefolge jener mit den Gründungen von Markgrafschaft (965) und Bistum (967) Meißen verbundenen christlichen Kolonisation des heutigen Sachsen nicht nur zur Errichtung zahlreicher Klöster. Während des 10. bis 12. Jahrhunderts wanderten deutsche Bauern aus Niedersachsen und Thüringen, aus Main- und Rheinfranken ein. Durch Markgrafen und Bischöfe ins Land gezogen, waren vor allem sie es, die im Zusammenspiel mit den klösterlichen Niederlassungen die Kulturtechniken ihrer Heimat in das neu besetzte Gebiet brachten.

Der Weinbau, von dem in der Lößnitz erstmals 1271 in einer Urkunde zu lesen ist, war dabei von besonderer Signifikanz. Der Zwang zu wirtschaftlicher Effizienz erforderte ja einen regelrechten Umbau der Landschaft. Dabei erzeugten die notwendige Terrassierung der Elbhänge und die aufwändige, einem strengen Regime folgende Zucht des Weinstocks eine sich gegenseitig noch steigernde Gestalt von hoher ästhetischer Qualität.

Als Gründungsdatum von Hoflößnitz nennt die einschlägige Literatur den 8. Mai des Jahres 1401. An diesem Tag erwarb Markgraf Wilhelm der Einäugige (Wilhelm I., 1343–1407) von einer Familie Küchenmeister ein Presshaus in der Lößnitz und übernahm die Lehnshoheit über die dortigen Weinberge, die bis dato offenbar durch die Burggrafen zu Dohna ausgeübt worden war. Schon im folgenden Jahr gelang es dem Wettiner in der sogenannten »Dohnaischen Fehde«, das reichsunmittelbare Grafengeschlecht als Konkurrent um die Vormacht im sächsisch-thüringischen Raum gänzlich auszuschalten.

Das Berg- und Lusthaus, welches sich der nun schon als Kurfürst agierende Johann Georg I. (1589–1656) in Hoflößnitz zum Ausgang der 40-er Jahre des 17. Jahrhunderts von seinem Landbaumeister Ezechiel Eckhardt (1595 – nach 1664) erbauen ließ, steht am Anfang friedlicherer Jahre. Im nahen Kötzschenbroda hatte Johann Georg I. schon am 6. September 1645 einen Waffenstillstand mit den Schweden abgeschlossen und damit für Sachsen den Dreißigjährigen Krieg beendet. Dieser Krieg hatte der Hälfte der sächsischen Bevölkerung das Leben gekostet. Und so ist dieses Haus auch ein Bilderbuch guter Vorsätze, die man im Rückblick auf einen jahrzehntelangen Krieg fasste. Man war in weltanschaulicher Hinsicht insbesondere der frühen Aufklärung verbunden, einem sich neu herausbildenden und der Neugier auf Exotisches verschwisterten Bewusstsein von einer Welt, die sich auch im Kopf zusehends zu runden begann.

Was seine architektonische Gestalt betrifft, ist das Berg- und Lusthaus, wie bereits angedeutet, ein Kind handwerklicher Nüchternheit. Der hofseitig an das Gebäude gelehnte sechseckige Treppenturm war, wie das Haus selbst, in seinen Obergeschossen ursprünglich in Fachwerkbauweise ausgeführt. Er ist erst 1677 massiv aufgemauert worden, wodurch die gestalterische Homogenität der Architektur ohne Zweifel eine Einbuße erlitt.

Durch den Turm und über einen Flur gelangt man in die unteren, sämtlich kreuzgratgewölbten Räume: die Küche, eine die ganze Tiefe des Gebäudes einnehmende Tafelstube und den sogenannten Zehrgarten. Als Zehrgarten bezeichnete man an den Höfen ein Magazin, in dem die notwendigen Lebensmittel deponiert wurden. Vor allem hier konnten auf Hoflößnitz größere Reste ursprünglicher Ausmalung freigelegt werden. Imitiert wurde eine reich mit Früchten behängte Weinlaube. Ähnliche Malereien, so wird vermutet, könnten auch die Tafelstube geschmückt haben.

Die künstlerische Transformation von in aller Regel idealisierten Außenwelten in geschlossene häusliche Räume ist bereits in der Antike gebräuchlich gewesen. Sie erlebte im Barock eine neue Hochzeit – parallel zu einer keineswegs minder intensiven Gegenbewegung, welche die Natur als Exempel kunstvoller Beherrschtheit inszenierte und in das grüne Reich der geometrisch strengen Formen des barocken Gartens trieb. Doch das wird später an zahlreichen konkreten Beispielen im Einzelnen darzustellen sein, die es dafür im Dresdener Elbtal und auch ganz in der Nähe der Hoflößnitz gibt.

Schloss Hoflößnitz, Festsaal (Foto: Walter Möbius, 1937)

Der sächsische Barock beginnt schüchtern und unsicher, ehe Genies wie Pöppelmann (1662–1736) oder der Bildhauer Balthasar Permoser (1651–1732) ihm zu europäischen Ruhm verhelfen. Das Berg- und Lusthaus Hoflößnitz, das an diesem Anfang steht, ist ein schöner Beleg dafür. Einer der wert- und wundervollsten wird er dadurch, dass er »das einzige [erhaltene] Beispiel für ein Innenraum-Ensemble aus der Mitte des 17. Jahrhunderts in Sachsen« birgt.[3]

Es ist eine lebendige, unbekümmert naive, herzerfrischend bunte Pracht, die sich da hinter dem bescheidenen Fachwerk des Obergeschosses entfaltet. Im Zentrum liegt der fast quadratische, mäßig hohe, von einer Balkendecke stützenlos überspannte Festsaal, an dessen Flanken sich die jeweils aus Wohn- und Schlafraum bestehenden Gemächer der Kurfürstin und des Kurfürsten anschließen. Sämtliche Wände und Decken sind durch hölzerne, in verschiedenen Farben gefasste Pilasterarchitekturen, Felder beziehungsweise Tafeln gegliedert und in ihrem additiven, statuarischen Habitus noch ganz der Renaissance verpflichtet.

Wie diese Innenarchitektur, so sind auch die Gemälde, mit denen man sie bereicherte, fast vollständig erhalten. Bedienen die Bilder im großen Festsaal vor allem staatspolitische und allgemeine ethische Inhalte, scheinen sie in den Privatgemächern mehr den persönlichen Vorlieben ihrer einstigen Bewohner zu folgen. So umziehen Darstellungen der

Jagdgöttin Diana nebst ihrer Gefährtinnen den Wohnraum des Kurfürsten, Letztere mit Jagdhunden – wobei es sich bei diesen tatsächlich um Porträts der Hunde des Herrschers handeln soll. Auch jene verkrüppelten oder besonders kapitalen Tiere, die in den Deckenmalereien dargestellt sind, spielen nicht nur allgemein auf die Jagdleidenschaft Johann Georg I. an. Vielmehr spiegeln sie konkrete Jagdereignisse. So wurde zum Beispiel jener an der Decke verewigte »größte Wolf« nachweislich im Jahr 1653 erlegt und »eingeliefert«. Etwa in diese Zeit wird auch die Malerei datiert.[4] Leider sind die Gemälde über dem Hauptgesims nicht mehr vorhanden. Während hier einst mit Darstellungen von Fastnachtsspielen und Schlachten auf der einen sowie Stillleben und Landschaften auf der anderen Seite die enge jagdliche Thematik aufgebrochen und die ganze widersprüchliche Spannweite menschlicher Existenz angedeutet wurde, trifft man im Schlafzimmer auf eine merkwürdige Beschränkung. Die Bildinhalte hier sind ausschließlich dem lebendigsten der vier Elemente – dem Wasser – und seinen wirklichen wie mythischen Bewohnern gewidmet, ein durchaus zeittypischer Ausdruck der starken Sehnsucht ins Ungebundene.

Die Malereien in den Gemächern der Fürstin gründen eher auf einer geistigen Ebene, wiewohl auch dort zwischen der drolligen Unschuld der Putten und jenen ernst oder wild dreinblickenden Frauen, deren Bildnisse die Wände zieren, eine merkwürdige Spannung zu bestehen scheint.

Mit entsprechenden Attributen ausgerüstet, verkörpern die Putten im Wohngemach die sieben freien Künste, ergänzt durch die Malerei und eine weitere, nicht identifizierbare, die wohl nur aus formalen Gründen erfunden wurde, darüber die gemalten Büsten von zwölf Sibyllen. Wobei es vielleicht kein Zufall war, dass auch die Fürstin den Namen Sibylle[5] trug. Sie ist nicht nur als Förderin der Künste, sondern zugleich als offene Kritikerin von Johann Georgs kaisertreuer Politik bekannt und identifizierte sich womöglich selbst ein wenig mit den weissagenden Frauen.

Frauen sind es auch, die im Bildprogramm des Festsaales eine der Hauptrollen übernommen haben, und zwar als sehr lebendige, lebenszugewandte Verkörperungen der während der langen Jahre des Krieges vielfach ins Hintertreffen geratenen Tugenden. Der Rahmen der Kardinaltugenden Klugheit/Weisheit, Gerechtigkeit, Tapferkeit und Mäßigung wird jedoch großzügig erweitert. So werden auch die Würde und die Wachsamkeit, das Wohlwollen und die Sanftmut, ja sogar die Kenntnis der Künste in den Rang von Tugenden erhoben. Dagegen finden sich die drei theologischen Tugenden Glaube, Liebe und Hoffnung nur durch die Frömmigkeit angedeutet.

Überhaupt gibt in diesen Räumen eine spürbar ausgeprägte Weltlichkeit den Ton an. Das gilt auch für die emblematischen Malereien, die den Reigen der Tugenden ergänzen. An der Südwand des Saales sind sie der treuen Ergebenheit gewidmet, in der die sächsischen Kurfürsten zum habsburgischen Kaiserhaus standen. Und wenn das Bild von der Welt zu dieser Zeit insbesondere durch Verzerrung, Ungenauigkeit und Lückenhaftigkeit charakterisiert werden muss, sahen die sächsischen Fürsten diese Beziehung doch in einer Art von globalem Maßstab, wie weitere Tafeln belegen. Das Bild von der fremden Welt war vor allem von Exotismus geprägt. Exotisch erscheint es vielfach noch da, wo es sich im Grunde größter Sachlichkeit befleißigt.

1653 rief Kurprinz Johann Georg den holländischen Maler Albert Eckhout (1610–1666) an den sächsischen Hof. Gemeinsam mit seinem Kollegen Frans Post (1612–1680) und dem Arzt Willem Piso (1611–1678) hatte Eckhout an einer achtjährigen Brasilienexpedition teilgenommen. Neben wertvollen ethnischen Studien brachte der Maler zahlreiche Darstellungen von Pflanzen, Früchten und Vögeln mit zurück in das neugierige Europa. Für Hoflößnitz schuf er sage und schreibe achtzig Gemälde mit Darstellungen brasilianischer Vögel. Changierend »zwischen Kunst und Wissenschaft«[6] stolziert »Brasilien« auf diese Weise bis heute über unseren inzwischen doch so bildsatten Gehirnen durch einen sächsischen Weinberg.

Es verwundert nicht, dass auch Friedrich August I. (August der Starke) und sein Sohn und Thronfolger diesen Platz schätzten und hier einige ihrer zahlreichen Feste feierten. Von ihren baulichen Ambitionen blieb er gottlob verschont. Pläne gab es schon. So soll der Blick von der Aussicht vor dem heutigen Bismarckturm August den Starken derart euphorisiert haben, dass er den Entwurf einer Treppenanlage in Planung gab. In der Achse des Berghauses, das statt seines altmodischen Wendelsteins eine doppelläufige Freitreppe erhalten hätte, sollte dieser Aufgang vermutlich zu einem von Matthäus Daniel Pöppelmann projektierten Lusthaus führen.[7] Während dieses Lusthaus jedoch Papier blieb, ist der im Jahr 1907 nach Entwürfen des wilhelminischen Stararchitekten Wilhelm Kreis (1873–1955) erbaute Bismarckturm Wirklichkeit geworden.

Den Ideen Augusts war eine Verwirklichung in wesentlich bescheideneren Ausmaßen als den ursprünglich geplanten beschieden. Von 1747 bis 1750 ließ sein Sohn, Friedrich August II., oberhalb des königlichen Weingutes in einer Kerbe des Elbhanges eine Treppe bauen, die ihre heutige Gestalt einer Wiederherstellung der Jahre 1845 bis 1847 und einer letzten umfassenden Sanierung Anno 1992 verdankt. Sie war wohl vor allem als Zugang zu dem auf dem Berg befindlichen »Hohen Haus« gedacht, einem angeblich 1622 als Weinberghaus errichteten Gebäude, das August im Jahr 1710 von seiner wohl bekanntesten Mätresse, der Gräfin von Brockdorf, spätere von Cosel, als Geschenk erhalten hatte. 1749, also just während der Zeit, in der die Treppe errichtet wurde, unterzog Friedrich August II. auch dieses Haus einer grundlegenden barocken Umgestaltung, so dass es fortan selbst als Absteige für höchste Gäste taugte.

Die Seitenflügel, die dem fünfachsigen Bau auf quadratischem Grundriss viel von seiner Konzentration geraubt haben, sind eine Zutat aus dem Anfang des 20. Jahrhunderts.

Trotzdem besitzt das »Spitzhaus«, wie es heute genannt wird, noch immer genug architektonische Kraft und Noblesse, um der unmissverständlich plumpen Phallusgestalt des nur 140 Metern entfernt postierten Bismarckturms heiter Paroli bieten zu können. Es ist wie die ein wenig surrealistisch anmutende Begegnung eines aus Pressglas gefertigten Bierseidels mit einem dünnwandigen, mundgeblasenen Weinkelch, in dessen im Licht farbig changierendem Glas sichtbar ein paar Luftbläschen eingeschlossen sind.

Der Weinbau freilich, der die Entsprechung zu diesem Kelch bildet und der die Arbeits- und Lebenskultur des Elbtales bei Dresden seit dem Mittelalter wesentlich mitgeprägt hatte, lag um 1900 weitgehend brach. Unter anderem ausgelöst durch eine schwere Reblausplage, setzte seit 1885 sein Niedergang ein. Erst in den Jahren vor dem Ersten Weltkrieg gab es wieder merkliche Bemühungen zur Rekultivierung, die 1928 etwa zur Einrichtung einer Weinbau-Versuchs- und Lehranstalt führten. 1938 schließlich kam es zur Gründung der Weinbaugemeinschaft, aus der 1955 die Winzergenossenschaft Meißen hervorging, die heute rund 165 Hektar Rebflächen im Elbtal bewirtschaftet, darunter Spitzenlagen wie den Schlossweinberg in Seußlitz, den Königlichen Weinberg in Pillnitz – und eben auch den Goldenen Wagen in Oberlößnitz, das erst 1934 nach Radebeul eingemeindet worden ist.

Die Hoflößnitz beherbergt heute ein »Museum für Weinbau und Lebenskultur«, dem ein kleiner, umweltschonend arbeitender Weinbaubetrieb angeschlossen ist. Sie erscheint als Ort zwischen Arbeit und Muse, zwischen Rationalität und entgrenzendem Rausch, zu dem der Wein in allen Zeiten ein probates Mittel darstellte. Behutsam bewahrt und erneuert, besitzt diese Anlage eine sinnliche Präsenz und historische Tiefe, die man getrost selten nennen kann.

Wackerbarths Ruhe

Mit dem Bau des Herrenhauses und der Anlage eines kleinen Parks in der Niederlößnitz, die heute als Wackerbarths Ruhe oder Schloss Wackerbarth bekannt sind, unternahm Christoph August Graf von Wackerbarth schon den zweiten Versuch, sich einen Alterssitz zu schaffen. Der erste, den er 1719 in Großsedlitz gestartet hatte, war gescheitert. Doch nicht etwa aus Unvermögen. Ganz im Gegenteil. Vermutlich erschien das Großsedlitzer Projekt seinem Dienstherrn August dem Starken einfach zu groß, zu unangemessen souverän, als dass der es einem Subalternen zugestehen konnte. So kaufte er es dem Grafen kurzerhand ab. Wobei die Delikatesse darin bestand, dass Wackerbarth noch auf mehrere Jahre hinaus sowohl als Eigentümer aufzutreten als auch August dem Starken das nötige Geld für den Weiterbau vorzuschießen hatte.

Christoph August Graf von Wackerbarth wurde 1662 auf Schloss Kogel im Herzogtum Sachsen-Lauenburg geboren und starb im Jahr 1734 in Dresden, also ein Jahr nach seinem König, in dessen Dienst er fast sein gesamtes erwachsenes Leben zugebracht hatte.

Nach dem Tod seines ersten Herrn, des Pfälzer Kurfürsten Karl II. (1651–1685), war Wackerbarth wohl durch Vermittlung der Witwe des Kurpfälzers schon 1685 als Page an den sächsischen Hof gelangt, wo Johann Georg III. (1647–1691) bald die besonderen Begabungen des jungen Mannes auf mathematisch-technischem Gebiet registrierte. So ermöglichte er ihm mehrere Studienreisen zu seiner Weiterbildung, die ihn unter anderem nach Rom führten. Seine eigentliche Karriere aber machte Wackerbarth unter Kurfürst Friedrich August I. Außer seinen Fähigkeiten kam ihm hier der Umstand zugute, dass August der Starke im Zuge des Ausbaus absolutistischer Herrschaftsstrukturen viele der entscheidenden Machtpositionen in seiner nächsten Umgebung mit Kräften besetzte, die nicht mit dem eingesessenen sächsischen Adel verbandelt waren.

Parallel zum Aufstieg in der Militärhierarchie, in der er 1710 zum General, 1712 zum Generalfeldmarschall und 1718 zum Gouverneur von Dresden avancierte, stieg er auch in der Politik in höchste Ämter auf. Nachdem ihn Kaiser Joseph I. (1678–1711) 1705 in den Reichsgrafenstand erhoben hatte, saß er ab 1710 im sächsischen Kabinett und galt als einer der einflussreichsten Minister unter August dem Starken, »in allen Kunstangelegenheiten [gar als] die entscheidende Person« nach dem König.[8] Fast euphorisch wird er als »der Regisseur« im »gewaltigen Dresdner Schauspiel der Architektur«[9] gefeiert.

Schloss Wackerbarth, Lusthaus im Schlossgarten

Zwischen seinem Vorgänger Johann Georg Starcke (1630–1695) und seinem Nachfolger Jean de Bodt (1670–1745) beaufsichtigte Wackerbarth als Chef des Oberbauamtes in den Jahren 1695 bis 1728 alle staatlichen Bauprojekte, und das sowohl im militärischen als auch im zivilen Sektor. Wenn man also nach dem Administrator im Willensschatten des bauwütigen, doch unsteten sächsisch-polnischen Kurfürst-Königs sucht, so findet man Christoph August Graf von Wackerbarth. Ihm oblag nicht nur das mühselige Geschäft der Bauordnungen und Genehmigungen, sondern auch die Koordination der vielfältigen staatlichen Bauaufgaben und der in wirtschaftlicher Hinsicht fast immer utopischen Projekte seines Königs. Zwar wissen wir nicht, ob Wackerbarth jemals selbst gestaltend tätig war. Doch wird er auf seinen Studienreisen nicht nur sein mathematisch-technisches Wissen vertieft, sondern sich zugleich mit der Geschichte der Künste und der Architektur beschäftigt und ein diesbezügliches Urteilsvermögen entwickelt haben. Neben seinen organisatorischen Fähigkeiten war es diese, vom Beiklang eigener gestalterischer Ambitionen freie Mischung, die ihn für sein Amt prädestinierte. Insbesondere im Brückenbau verstand er es, »die Bauformen und Baukonstruktionen seiner Architekten mit den besten Meistern aus den Innungen heraus weiter zu entwickeln«[10]. Und so wirkte er überdies als Vermittler oder Berater und von Fall zu Fall wohl auch als inspirierende Kraft in der ihm unterstellten hoch qualifizierten Garde hervorragender Architekten.

Vermutlich schon für sein Großsedlitzer Projekt hatte Wackerbarth den jungen Johann Christoph Knöffel (1686–1752) als Baumeister herangezogen. Der Sohn eines Dresdner Maurermeisters, der heute allgemein als Begründer des sächsischen Rokoko gilt, war seit

Schloss Wackerbarth, Fassade zum Vorgarten

1708 im Oberbauamt beschäftigt und wurde 1722 zum Landbaumeister befördert. Im selben Jahr, in dem Wackerbarth seinen Stuhl im Oberbauamt für den bis dahin in Berlin und Potsdam tätigen Ingenieurarchitekten Jean de Bodt räumte, stieg Knöffel schließlich neben Pöppelmann und Longuelune (1669–1748) in den Rang eines Oberlandbaumeisters auf. Nachdem er für seinen scheidenden Dienstherrn schon das Kurländer Palais in Dresden erbaute, übertrug der ihm nun auch die Arbeiten für das ihm von August dem Starken vermachte Gut in Zabeltitz sowie für seinen Ruhesitz in der Niederlößnitz, wo der Reichsgraf vorausschauend schon seit 1710 mehrere Grundstücke erworben hatte.

Im Gegensatz zu den zehn Jahre zuvor weit und phantasievoll in die Landschaft ausgreifenden Planungen für Großsedlitz entstand auf dem vergleichsweise kleinen Areal eine Schloss-Garten-Anlage, die noch in der Grundrisszeichnung, die Knöffel 1729 von ihr machte, wie der Exzerpt, das Konzentrat eines viel größer gedachten Projektes anmutet. Wenngleich wir heute natürlich nicht mehr den Zustand vorfinden, wie ihn Architekt und Bauherr hinterließen, wird man das noch immer empfinden können. Ob dabei die Situation des Ortes, beschränkte Mittel oder die Demut vor dem näher tretenden Tod die Feder führten, muss der Spekulation überlassen werden. Die Versuchung, in Wackerbarths Ruhe die nur andeutenden, knappen Formulierungen altersweiser Beschränkung aufzuspüren, ist freilich groß.

Vor allem zwei Umgestaltungsphasen – nach 1780 und nach der Mitte des 19. Jahrhunderts – haben die ursprüngliche Anmutung der Anlage verwischt. Die grundsätzliche räumliche und pflanzliche Disposition blieb aber bis heute erhalten oder konnte zumindest wieder hergestellt werden, wobei das etwas tiefer liegende, an die Meißner Straße grenzende Gartenquartier nicht zu den Planungen gehörte, die Knöffel für Wackerbarth realisierte. Auch trägt der Rahmen, den die Um- und Neubauten der Wirtschaftsgebäude des hier agierenden renommierten Sächsischen Staatsweingutes bilden, sicher zu einer veränderten Wahrnehmung der barocken Anlage bei. Sie war ursprünglich intimer und geschlossener gestaltet als sie das bei der gegenwärtigen Nutzung wohl sein kann.

So darf man sich die platzartig geweitete Zufahrt zum Herrenhaus in optischem Gleichgewicht mit dem zentralen Aufgang zum einstigen Lusthaus vorstellen, nämlich beidseitig von Rasenflächen mit Pflanzenkübeln gerahmt und schlossseitig überdies durch eine Hecke in das Ensemble eingebunden. Auf diese Weise war das zentrale, Struktur gebende Kreuz, das hier gebildet wurde, deutlicher spürbar als heute.

Leider ist auch das Schloss Knöffels von baulichen Eingriffen nicht verschont geblieben. Einer Überformung im Stil der italienischen Renaissance nach 1853 folgte im 20. Jahrhundert deren weitgehende Rücknahme. Was auf der Strecke blieb, war nichts weniger als die eigentliche Leistung des Dresdner Architekten. Wie kein Anderer verstand er es, den klassisch strengen architektonischen Grundformen durch eine den Baukörper feinfühlig strukturierende Lisenenarchitektur eine Leichtigkeit zu verleihen, die durch die sparsam verwendete Ornamentik des aufkommenden Rokoko zuweilen die Grenze des optischen Zerfließens erreichte.

Durch den Riegel des Schlosses getrennt, zerfällt der Garten in zwei Teile. Der sogenannte Vorgarten besteht aus zwei seitlichen Heckenquartieren, die ein im Zentrum gelegenes Wasserparterre beschirmen, ein großes Becken mit einem hohen Springstrahl. Dieser Vorgarten bildete einen in sich geschlossenen, intimen Bezirk, der wohl primär der Muße, dem Spiel und dem familiären Umgang gewidmet war.

Schon von seiner Anlage als öffentlich gedacht und geradezu spektakulär präsentiert sich hingegen die den Weinberg hinaufgreifende Terrassenanlage jenseits der Achse des Hauptweges. In sechs Stufen ist sie in den Hang getrieben, um sich schließlich von der letzten, die ganze Breite der Anlage ausspannenden Terrasse über Seitenwege zur höchsten zu runden. Über deren Mitte erhebt sich das Oktogon des weithin sichtbaren Lusthauses, Festsaal und Belvedere in einem. Es ist wie ein Sinnbild für das Leben des Bauherrn, der – über sechs Dezennien aufgestiegen – nun sein Leben runden und krönen kann. Im Glanz der sinkenden Sonne setzt er sich im Kreis seiner Gäste zur Ruhe und überschaut das Geschaffene (Farbtafel 3). Den Wunsch, über einen Terrassengarten auf Dresden zu sehen, hatte sich Wackerbarth schon auf dem Kleinsedlitzer Erlichtberg erfüllen wollen. Auf seinem gleichsam in den Weinberg gelehnten Alterssitz in der Niederlößnitz ist es ihm schließlich spät gelungen.

Ein »alter Zopf« – Haus Sorgenfrei

Einen »alten Zopf« nannte die sich aufgeklärt denkende, gebildete Gesellschaft um 1800 die alte, schweißtreibende Perückenmode. Sie meinte damit freilich auch die Gesetze, die unter diesem Kopfschmuck ausgebrütet, die Verhältnisse, denen darunter gehuldigt, die Ideen, die darunter gedacht worden waren. Schlussendlich richtete sich der Hohn gegen die Leute, die unter diesen gepuderten Ungezieferherden in einer alten, selbstverständlich dem Untergang geweihten Welt einhergegangen waren oder womöglich noch gingen. Wenn der Mensch, das Volk oder gar die Nation sich befreite, sollte auch das Haar frei sein und wie eine Fahne im Winde wehen dürfen. Noch während des Ersten Wartburgfestes, zu welchem die Jenaer Burschenschaft im Oktober 1817 nach Eisenach geladen hatte, warfen die Studenten auch einen Zopf ins Feuer. Auf Vorschlag Friedrich Ludwig Jahns (1778–1852) – des nach Heinrich Heine (1797–1856) unwissendsten Geschöpfes, »das je auf Erden turnte« – flog neben anderem freilich auch der napoleonische Code Civil in die Flammen. In diesem Gesetzeswerk waren mit Ausnahme der Fraternité, der Brüderlichkeit, die wesentlichen Forderungen der Französischen Revolution als verbindlich fixiert, wenn auch nur für die männliche Bevölkerung. Aber Feminismus ist den Burschenschaften nun wahrlich nicht nachzusagen.

Der »alte Zopf« stellte offenbar ein so griffiges Bild dar, dass man im Nachhinein die dreißig Jahre vor dem Ausbruch der Französischen Revolution zuweilen die Zopfzeit nannte und einen typischen, während dieser Phase gepflegten Baustil den Zopfstil. Er handelt sich um eine Spielart des frühen Klassizismus. Die Biedermeierarchitektur verkörpert sein Pendant am anderen Ende, den drei Dezennien vor der 1848er-Revolution.

Haus Sorgenfrei gilt als eines der bedeutendsten unter den wenigen noch erhaltenen architektonischen Zeugnissen des Zopfstils in Sachsen. Er mag uns heute deshalb gar nicht »zopfig« erscheinen, weil der Traum von einem von der Zeit und ihren Zwängen befreiten Ort auf der sprichwörtlichen »Insel« zum Massenphänomen geworden ist. Tatsächlich strahlt das Schlösschen, das unauffällig im leicht aufsteigenden Gelände an dem von Straßenbäumen gesäumten Augustusweg in Radebeul versteckt liegt, eine eigentümliche, scheinbar unbeschwerte Heiterkeit aus. Es ist eine Heiterkeit, die aus einer naiven Unbekümmertheit, zuweilen vielleicht sogar Unbedarftheit herrührt und oft am Rande der Süßlichkeit und des Kitsches entlang balanciert. Wie hier mit Laub- und Blumengirlanden die Wände geschmückt, übervolle Fruchtschalen auf Postamente gesetzt und endlich die Zeit in der Gestalt einer großen Uhr durch überfließende Füllhörner besänftigt und durch eine goldene Schleife gebändigt wird, das hat etwas vom Übermut eines unverbildeten jungen Mädchens, welches mit ungebrochenem lauteren Gefühl noch an das glaubt, was es träumt.

Bauherr war Christian Friedrich von Gregory, ein Bankier aus Dresden. Er ließ das seit 1770 im Besitz der Familie befindliche Anwesen, das ursprünglich noch bis zur heutigen Eduard-Bilz-Straße reichte, vermutlich aus der Substanz einer älteren Anlage heraus in den Jahren 1783 bis 1789 neu bauen und den zugehörigen Garten anlegen. Als Architekt gilt heute allgemein der Hofbaumeister Johann August Giesel (1751–1822). Wenn dem so sein sollte, so dürfte vor allem der Park weniger den Ambitionen des Architekten als den Wünschen des Bauherrn entsprechen. Während man auch in Dresden spätestens seit 1763 Gärten nach englischem Vorbild neu anlegte beziehungsweise umgestaltete, entspricht die Anlage am Haus Sorgenfrei noch weitgehend den überkommenen, barocken Prinzipien. Was ihre Größe betrifft, so spiegelt sie eher bescheidenere bürgerliche Maßstäbe.

Den großen Vorbildern der Vergangenheit folgend, führt die von Linden bestandene Hauptallee direkt auf den Eingang des Herrenhauses zu, vor dem sie sich im Halbrund zu einem kleinen Ehrenhof weitet. Sie teilt den Garten in zwei Bezirke, die wohl schon ursprünglich den Balanceakt zwischen Lust und Arbeit beziehungsweise Schönheit und praktischem Zweck vollführten. Während die westliche, vor dem Gärtnerhaus befindliche und neuerdings durch einen implantierten Parkplatz geschädigte Partie als Nutzgarten Verwendung fand, war die östliche Hälfte ein kunstvoll gestalteter Ort der Muse. Er diente dem Vergnügen und beherbergte wie fast alle Adelsgärten des Barock gewiss auch jene goldenen, ewiges Leben verheißenden Früchte, Zitronen- oder Orangenbäumchen, die Pomeranzen, wie sie in Deutschland in Anlehnung an ihre Apfelgestalt genannt wurden.

Als Überwinterungsort für die empfindlichen und wertvollen Pflanzen exisiterte auch hier eine Orangerie, deren Gebäude etwas über Gartenniveau liegt. Sie ist später zeitweise von dem bekannten Dresdner Künstlerpaar Gussy Hippold-Ahnert (1910–2003) und Erhard Hippold (1909–1972) als Atelier genutzt worden und dient heute als stimmungsvoller Fest- und Speiseraum, in dem sich die Grenzen zwischen Haus und Garten aufzulösen scheinen. Diese Funktion besaß der lichtdurchflutete hohe Saal während des Sommers, in dem die Pflanzenkübel den Garten schmückten, sicher schon bei den Gregorys.

Neben den 200 Jahre alten Kristalllüstern, die das Spiel mit dem Licht auf ihre Weise bis in die Nacht fortsetzen, sind es vor allem die erhaltenen beziehungsweise rekonstruierten Wandmalereien der Bauzeit, die jenen heiteren, luftigen Atem erzeugen, der diesen Ort gleichsam programmatisch durchweht. Das trifft sowohl für die dem französischen Frühklassizismus verpflichtete Orangerie als auch für das heute als Hotel genutzte Herrenhaus zu. Unbekümmert imitieren sie, wozu die Mittel nicht reichten, so etwa Mar-

Haus Sorgenfrei mit ehemaliger Orangerie in Radebeul

mornischen oder mit Blumengirlanden geschmückte Holzvertäfelungen. Gerade deren pastellfarbene »Unwirklichkeit« ist es, die den eigentümlichen Charakter des Ortes besonders prägt.

Ob Bauherr und Architekt sich der Eigenartigkeit ihrer Schöpfung bewusst waren oder einfach nur dem eigenen Instinkt, ihren Bedürfnissen, Gedanken und Ideen treue Gefolgschaft leisteten? Die Skulptur der im Wasserbecken des Orangerieparterres lagernden, freilich wenig meisterlich gearbeiteten Sphinx deutet vielleicht eine Antwort an, denn ein bloßes Bildungszitat scheint sie nicht zu sein. Dagegen spricht vor allem ihre ungewöhnliche Verbindung mit einem Delphin, der ihr zwischen den Löwenpfoten liegt und das Wasser ins Becken speit. Wegen seines Verhaltens ist der Delphin schon seit der Antike ein Sinnbild der Menschenliebe. Die Sphinx wiederum, die in den Gärten des Barock als Wächterin und Hüterin der Naturgewalten ihren Platz hatte, repräsentierte als Mischwesen aus Mensch, Stier, Löwe und Adler nicht nur die vier Elemente und die vier Evangelisten. Sie gab auch das Rätsel auf, dessen Lösung der sich wandelnde Mensch, der »Sturz des Alten durch das Neue«[11] war.

Dem grundsätzlichen Symmetriebedürfnis des Barock folgend, gab es vielleicht auch im jenseitigen Nutzgarten ein Wasserbecken mit solch einer Sphinx. Es wäre mit der Figur, auf die man in der Gartenpartie hinter dem Haus Sorgenfrei stößt, die dritte. In diesem, den seichten Hang in Terrassen ansteigenden Gartenbezirk wird den Spuren der zeitlichen Veränderungen, der Zerstörungen und der unaufhaltsamen Vergänglichkeit mit Respekt und Feingefühl Tribut gezollt. Das fordert, so scheint es, manchmal nur Verzicht auf Tätigkeit oder zumindest eine, die unmerklich wirkt. Es ist der ruhigste und für viele womöglich der zauberischste Ort der gesamten Anlage. Durch einen Wandbrunnen in der Mittelachse hinter dem dreiflügligen Herrenhaus wurde einst zumindest symbolisch gezeigt, dass sich Nutzen und Schönheit aus einer Quelle speisen. Wer heute unter Pflaumenbäumen durch den kleinen Nutzgarten zu dem einst von einer Buchenhecke umgebenen Sphinxenbecken steigt, das trocken gefallen unter dem Schatten hoher Bäume liegt, kann den einst hier bauenden Geist vielleicht noch immer erahnen.

Zwischen Luise und Heinrich – Seußlitz

Hugo Koch zählt Seußlitz »zu den bedeutenderen Gärten Sachsens«[12] (Farbtafel 4 und 5), wobei ihn vor allem die Beziehung zwischen dem Schloss und der sogenannten Luisenburg faszinierte. In dem kleinen, auch als Winzer- oder Lusthaus bezeichneten Gebäude, das hoch über Schloss und Kirche auf dem Hausweinberg postiert ist, erkannte er einerseits einen »Zielpunkt«, ein Bellevue für das Schloss. Andererseits schätzte er den weiten Blick, der sich von dort in die Elblandschaft bot.

Diese Aussicht hat bis heute nichts von ihrer Faszination verloren, spielt aber für das Verständnis der eigentümlichen Gestalt des Ensembles keine Rolle. Die barocke Überformung, von der es bis heute im Wesentlichen geprägt blieb, besitzt einen tiefen historischen Grund. Doch obschon man sich bei seiner Neugestaltung offenbar viel von diesem überkommenen Bestand diktieren ließ, ist die Anlage weniger formal oder nur technisch zu verstehen als gemeinhin angenommen.

Erstmals greifbar wird der Ort, als Markgraf Heinrich der Erlauchte (1215–1288) am 12. November des Jahres 1268 den Umbau seiner Seußlitzer Jagdresidenz in ein Kloster beginnen ließ. Den Anstoß dazu gab der Tod seiner Frau. Sie hatte in dem durch Agnes von Böhmen (um 1207–1282) in Prag gegründeten Klarissenkloster ihre Erziehung erhalten und ihren Gatten offenbar dazu veranlasst, das Seußlitzer Anwesen den Schwestern der von Klara (um 1193–1253) und Franz von Assisi (um 1181–1226) gegründeten geistlichen Vereinigung zu überlassen. Die Insassinnen rekrutierten sich aus dem überzähligen Nachwuchs des sächsischen Herrscherhauses, kamen aus den Familien des eingesessenen Adels oder waren Töchter wohlhabender Bürger. Besitzlosigkeit galt nicht als eine besondere Empfehlung für die Aufnahme ins Kloster, sondern war einer der entscheidenden Gründe dagegen. Überdies hatte der Stifter die Einrichtung, in der durchschnittlich 20 bis 25 Frauen in Klausur lebten, bald nach seiner Gründung mit umfänglichen Rechten und Besitzungen ausgestattet.

Was die bauliche Gestalt des 1541 säkularisierten und 1544 durch landesherrliche Verfügung endgültig aufgehobenen Klosters betrifft, so können auf Grund fehlender Befunde bis heute meistenteils nur Vermutungen angestellt werden. Sicher ist der Standort und die ungefähre Baugestalt der alten Klosterkirche, denn der Dresdner Ratszimmermeister George Bähr (1666–1738) schlug 1724 lediglich vor, die Mauern der Kirche auszubessern, das Dach neu zu latten und einzudecken sowie den Glockenturm zu vergrößern.[13] Er gab also dem Gemäuer vermutlich nur eine zeitgemäße Gestalt. Die mittelalterliche Kirche folgte franziskanischen Baugewohnheiten. Sie bestand lediglich aus einem einfachen, langgestreckten Saal, der an seinen Flanken und an den geraden Stirnseiten durch regelmäßig gegliederte Fensterordnungen geöffnet war und sicher nur einen Dachreiter als Glockenturm besaß. Die Klausur mit dem Kreuzgang und den dazugehörigen Funktionsräumen schloss wie üblich südlich an die Kirche an. Diesem Schema folgend, dürfte sich der Klostergarten dann südlich beziehungsweise südwestlich der Klausur befunden, der klösterliche Wirtschaftshof im Westen und Nordwesten des Geländes erstreckt haben.

Schon 1545, am 1. Mai, erwarb der Kanzler des sächsischen Kurfürsten, Simon Pistoris (1489–1562), das ehemalige Kloster samt der Vorwerke Seußlitz, Merschwitz und Radewitz, wobei ihm sein Fürst rund ein Drittel der Kaufsumme erließ.

Es war ein Besitzwechsel, wie er für die Zeit der Reformation typischer nicht hätte ausfallen können. Pistoris, Sohn eines Doktors und Professors der Medizin in Leipzig, hatte in seinem Geburtsort Jura studiert und für einige Jahre das Amt des Ordinarius der juristischen Fakultät bekleidet, ehe er an den sächsischen Hof gewechselt war. Seine 1521 in den Reichsadelsstand erhobene Familie gilt als eine der berühmtesten sächsischen Gelehrtenfamilien des 16./17. Jahrhunderts und soll so viele Doktoren, Räte, Kanzler und Oberhofrichter hervorgebracht haben wie keine andere.

Auch Simon Pistoris der Jüngere, wie er zur Unterscheidung von seinem gleichnamigen Vater genannt wird, war ein bekennender Praktiker – »vita nostra fidei vita est non contemplationes«, unser Leben ist Handeln nicht Anschauung, ließ er noch auf dem eigenen Epitaph über seinem knienden Abbild verewigen. Schon als Kanzler wird er ausreichend Gelegenheit gehabt haben, diesem Wahlspruch gerecht zu werden. Als Familienvater tat er es, indem er mit seinen drei Ehefrauen 23 Kinder zeugte. Als Gelehrter, der neben Luther (1483–1546), Melanchthon (1497–1560) oder Eck (1494–1554) auch Erasmus von Rotterdam (um 1466–1536) gekannt hat, begründete er eine Bibliothek.

Sein Gestaltungsbedürfnis wird auch seinen neuen Besitz in Seußlitz eingeschlossen haben. Doch wir wissen weder etwas über den Umfang noch das Aussehen dieser Um- oder Neubauten. Einer seiner Nachkommen jedenfalls, Johann Ernst von Pistoris (1605–1680), ging im Jahr 1671 in Seußlitz in einem »Lustgarten« spazieren.[14] Denkbar ist, dass er ihn – vielleicht nach dem Abriss der alten Klausurgebäude – selbst hatte anlegen lassen. Wie sein Vorfahre war Johann Ernst Jurist, besaß ausgeprägte gelehrte und bibliophile Neigungen und stand seit Mitte der 30er-Jahre des 17. Jahrhunderts im Dienst des sächsischen Hofes. Für diesen verhandelte er unter anderem bei den Friedensverhandlungen in Münster und Osnabrück. Und wie sein Vorfahre wurde auch er nach seinem Tod in Seußlitz beigesetzt, nur blieb sein Grabmal nicht erhalten.

Schloss und Schlosspark Seußlitz, darüber die Luisenburg

Wegen der Schulden, die auf den Gütern der Familie Pistoris lasteten, hatte es schon während der Erbteilung des Jahres 1622 Querelen gegeben. Hundert Jahre später führten diese Schulden den Letzten der Familie auf Seußlitz in den Konkurs. Merkwürdigerweise war es wiederum ein Kanzler des sächsischen Kurfürsten, der das Anwesen erwarb, Heinrich von Bünau (1665–1745), der gern mit seinem gleichnamigen, doch berühmteren Sohn (1697–1762) verwechselt wird. Der hatte 1722 gerade den ersten Teil seiner Kaiser- und Reichsgeschichte veröffentlicht und brachte es später in Weimar bis zum Premierminister. Seine auf Schloss Nöthnitz zeitweise von Johann Joachim Winckelmann (1717–1768) betreute Bibliothek bildete den Grundstock der heutigen Sächsischen Landes- und Universitätsbibliothek.

Vater Bünau war 1721 aus dem Rang eines Vizekanzlers in den des Kanzlers am Hof August des Starken befördert worden. Dass er den Erwerb von Seußlitz wohl schon bald danach ins Auge fasste und entsprechend vorbereitete, wird durch die Tatsache belegt, dass er bereits siebzehn Tage nach dem Kauf Bauarbeiten beginnen ließ, und zwar zugleich am Schloss und im Garten. Zwar können wir auch für diese Bauperiode nicht beurteilen, wie viel an alter Substanz und damit planerischen Grundideen einfach abgebrochen wurde oder in den Neubau einging, doch kennen wir zumindest das Ergebnis. Es handelt sich im Wesentlichen um das bis heute bestehende Ensemble.

Das elfachsige, von einem übergiebelten Mittelrisalit zentrierte und von einem Doppelwalmdach geschlossene Herrenhaus folgt den zeitgenössischen Baugewohnheiten einer strengen, klassizistisch gesinnten Barockarchitektur und besitzt plastischen Schmuck nur in der Portalzone. Die herrschaftliche Zufahrt, die von der straßenseitigen Toranlage leicht ansteigt und das höher gelegene Schloss größer erscheinen lässt als es wirklich ist, hat George Bähr mit viel Geschick inszeniert. Hier besaß die Gestaltung der zu ihren Seiten trichterförmig angelegten Wirtschaftsgebäude und des Hofraumes ursprünglich gewiss eine größere Homogenität als heute.

Spektakulär oder außergewöhnlich ist freilich nicht der Blick über diese herrschaftliche Auffahrt, sondern der aus dem Lustgarten zur Heinrichsburg oder von dort über den Lustgarten hinweg auf den südlichen Seitenflügel des Schlosses. Dank seiner fünfzehn Fensterachsen und des schon von Cornelius Gurlitt (1850–1938) wegen seiner harmonischen Ausstrahlung gerühmten Turmbaus wird er wegen seiner Position über dem Parterre des barocken Parks immer wieder als eigentliches Schloss missverstanden. Das kann besonders dann geschehen, wenn man die Anlage durch das – allerdings erst nach 1945 dort installierte – Tor von der Forststraße her und nicht aus Richtung Elbe betritt. Der Tatsache, dass sich hinter der homogenen Fassade dieses »Schlosses« ein weltlicher Tanzsaal und ein lutherisches Gotteshaus verbergen, und dass die Hauptachse des Lustgartens nicht auf einen Schloss-, sondern auf einen Kirchturm zielt, hat sicher keine ideellen

Gründe. Dieses merkwürdige Arrangement resultiert wohl ausschließlich aus der gegebenen Situation und aus künstlerischen Erwägungen.

Die Platanen, die heute auf der obersten Terrasse während der warmen Jahreszeiten ein grünes Dach bilden, sind erst im 19. Jahrhundert hier angepflanzt worden. Der Platz war ursprünglich lediglich mit weißem Kies belegt und diente der Aufstellung von Pflanzenkübeln mit Orangen- und Zitrusbäumchen. Vor der Mauer standen sie hier nicht nur geschützt und warm, sondern wurden ästhetisch wirkungsvoll – gleichsam wie auf einem Podest – den Besuchern als der wertvollste Schatz des Bünauschen Gartens präsentiert.

Von hier steigt man in das Parterre hinab, dessen grüne Eibenkugeln heute zu den markanten Charakteristika der Anlage gehören, obwohl auch sie eine spätere Zutat sind, denn sie stammen aus einer Umgestaltung des Jahres 1910. Ebenso charakteristisch erscheint uns inzwischen die nochmals vertiefte, schon von Hugo Koch[15] als Boulingrin identifizierte Rasenfläche, zu der wiederum mehrere Stufen hinabführen.

Einen Eindruck, wie der Garten unter Bünau tatsächlich ausgesehen hat, vermittelt bis heute am ehesten das 1732 von Johann Friedrich Christ (1701–1756) veröffentlichte »Suselicium«. Der durch seine Beschäftigung mit antiker Kunst als Vorläufer Winckelmanns geltende Christ war zeitweise Erzieher von Rudolph von Bünau, des jüngsten Sohnes des Schlossbesitzers, und ist dadurch mit Seußlitz in Berührung gekommen. Er beschreibt »schöne Gänge und Alleen, die aus lauter ordentlich ins gevierdte gepflanzten Bäumen«

Blick vom Eingangstor auf Schloss Seußlitz

bestehen, spricht von Kabinetten aus Laubwerk sowie von einem sogenannten »Spaziergang«, einer Allee, so lang, als ob sie »zum Wettlauf dienen solle«.[16]

Auch von Lusthäusern »zu öberst auf den Bergen« hat Christ etwas euphorisch in seinem »Suselicium« geschrieben, wobei für ihn nur die Heinrichsburg in den eigentlichen Plan des Schloss-Garten-Ensembles zu gehören scheint. Vis-à-vis der als Schaufassade konzipierten und vom Kirchturm zentrierten Schloss-Kirchen-Flanke bildet sie nicht nur den schönen, sondern auch einen bedeutsamen Blick- und Endpunkt der Hauptachse des Gartens. Der Vergleich mit der am Weg von Dresden heraus liegenden und in zeitlicher Nähe entstandenen Anlage des Grafen von Wackerbarth drängt sich auf. Wie dort wird auch in Seußlitz der in Terrassen aufsteigende Garten von einem Pavillon gekrönt. Dieser erlaubt von einem hohen Standpunkt, von der sprichwörtlichen hohen Warte, den Blick über das eigene Werk und Leben in die relativierende Weite der Landschaft, die in diesem Fall für die Welt steht.

Ob Bünau bewusst war, dass er mit dieser fragmentarischen, an den Berg gelehnten Stufenpyramide noch einen weiteren Bedeutungshorizont berührte, muss wie vieles in diesem Zusammenhang im Vagen bleiben. Doch allein schon der Vorgang, dass die für den Park bestimmten Skulpturen – es handelt sich um Allegorien der Jahreszeiten und der Monate eines Jahres – 1729 gemeinsam mit drei Steinsärgen über den Elbfluss nach Seußlitz kamen, entbehrt ja nicht einer gewissen Symbolträchtigkeit.

Während die Jahreszeiten an der Kante der Terrasse vor dem Schloss ihren Platz fanden, sind die Monate auf den äußeren Ecken der Terrassen unter der Heinrichsburg aufgestellt worden, sinnbildlich für das Aufsteigen und Fallen des Jahres, der Natur und des menschlichen Lebens, das sich auf dem Boulingrin zwischen Heinrichsburg und Schloss im Spiel ergeht.

Die im Haus des Gastes aufgestellten und schon von Koch als »arg verstümmelt«[17] beschriebenen Originalskulpturen werden im Garten durch Kopien vertreten, welche die naiven, dramatischen Qualitäten des unbekannten Meisters naturgemäß nur noch sehr bedingt besitzen. Ein Blick auf die noch vorhandenen Originale lohnt sich demnach unbedingt.

Es ist unübersehbar, dass das Schloss-Garten-Ensemble in Seußlitz samt der eingebundenen Wirtschaftsgebäude, Kirchhof und dem schon erwähnten Schlossweinberg mit der Luisenburg seit der barocken Neugestaltung durch Heinrich von Bünau weitere Überformungen, Ergänzungen, Umgestaltungen und Besitzwechsel erfahren hat. So ging es im letzten Jahr des 18. Jahrhunderts aus dem Familienbesitz der Bünaus an den Leipziger Kaufmann Johann Friedrich Clauß, 81 Jahre danach an Julius Harck, ebenfalls Kaufmann in Leipzig. Die Bürger traten die Nachfolge des Adels auch auf dessen Landschlössern an, bewirtschafteten sie aber in der Regel nicht selbst, sondern gaben sie in Pacht.

Der gewandelten Interessenlage entsprechend, betrafen die baulichen Eingriffe vielfach den Wirtschaftsbetrieb, wie etwa die nicht unbedeutende Brauerei oder die Weinverarbeitung. Doch auch im Garten und am Schloss gab es Veränderungen. So vermutet man, dass sowohl der Anbau der kleinen überdachten Terrasse rechts des Parkeingangs als auch die dort an der südlichen Stirnseite des Schlosses angefügte Loggia in den Jahren zwischen 1805 und 1812 entstanden sind. Die bereits erwähnte, um 1830 datierte Bepflanzung mit Platanen ist wohl als eine gestalterische Ergänzung dieser vorsichtigen Maßnahmen zu begreifen. Auch die naturnahe, englischen Vorbildern verpflichtete Gestaltung der östlich des Barockparks liegenden Partie um den Schlossteich wird man in den Jahren vor oder nach den Befreiungskriegen vermuten dürfen.

Ein letztes Aufleuchten alten Glanzes erlebte Seußlitz in den beiden Dezennien vor dem Ersten Weltkrieg, und das nicht nur, weil der sächsische König Friedrich August III. (1865–1932) als regelmäßiger Jagdgast im Schloss logierte. Der 1911 geadelte Ludwig Friedrich, genannt Fritz Harck (1855–1917), der das Anwesen 1894 von seinem Vater übernahm, zählte zu den namhaften Kunstsammlern und Stiftern dieser Zeit in Deutschland. Sein Interesse galt vor allem der Kunst der deutschen und der italienischen Renaissance. Ein Prunkstück seiner Sammlung, die er zu einem wesentlichen Teil auch in die Neueinrichtung des Seußlitzer Schlosses integrierte, war Hans Baldung Griens (um 1484–1545) 1544 geschaffenes Gemälde »Die sieben Lebensalter der Frau«. Es hing bis 1911 in Harcks Seußlitzer Arbeitszimmer. Zugleich engagierte er sich auf sozialem Gebiet. So unterstützte er zum Beispiel nicht nur den Landarbeiter und Heimatdichter Max Weber und ließ 1910 eine Spielschule (Kindergarten) sowie eine Lehrküche für junge Mädchen in Seußlitz einrichten, sondern bedachte in seinem Testament neben den Leipziger Museen auch die Seußlitzer Kirch- und Schulgemeinde sowie den Förster und den Kastellan mit erheblichen Summen Bargeld.

Das Bild der anfangs erwähnten Luisenburg scheint von den Veränderungen der Zeit am wenigsten berührt, wie es bis heute über den Rebenspalieren des Schlossberges auftaucht. Obschon dieses kleine Winzerhaus ein Pendant zur jenseitigen Heinrichsburg bildet, ist es vermutlich nicht als ein solches konzipiert worden. Während die Heinrichsburg auf dem Kunstgebilde einer das Jahr symbolisierenden Stufenpyramide thront, krönt die Luisenburg einen der profanen Nutzung unterliegenden Weinberg. Dass diese »Burg« – wohl um die Mitte des 18. Jahrhunderts – einen weiblichen Vornamen erhalten hat, kann als ein Beleg gelten, dass dieser Gegensatz schon damals empfunden, durch die geschlechtliche Spezifikation instinktiv zugespitzt und womöglich auch weiter gedacht worden ist.

Das Miltitzer Ländchen – Proschwitz und Siebeneichen

Proschwitz

Der nächste Weg von Meißen in das 1994 in die Bischofsstadt eingemeindete Proschwitz führt über die Katzenschluchttreppe. Er heißt An den Katzenstufen und zweigt von der am östlichen Elbufer flussabwärts führenden Hafenstraße nach Norden ab, wo er zunächst durch eine kleine Waldschlucht und dann durch jene Rebflächen führt, aus deren Trauben in den letzten Jahren einige der besten deutschen Weine gekeltert worden sind.

Dass die Bezeichnung Katzentreppe nicht von einer besonders dichten Population dieser Tierart herrührt, muss sicher nicht betont werden. Wenig überzeugend ist auch die These, welche die während der sogenannten Völkerwanderungszeit just hier durchziehenden Chatten als Namensgeber in Anspruch nimmt. Wahrscheinlicher ist, dass es sich um eine verunglimpfende Bezeichnung der Christen gegen die heidnischen Sorben handelt, auf deren alte Siedlungen viele der bis heute gebräuchlichen Ortsnamen der Region zurückgehen. Das trifft gewiss auch für Proschwitz zu. Die vorzügliche Lage seiner zur Elbe hin abfallenden Hänge prädestinierte es zum bischöflichen Tafelgut. Es lag den geistlichen Herren gleichsam vor der Nase, so dass sie dem Reifen ihres künftigen Messweins quasi zuschauen konnten.

Wie in Seußlitz kam auch in Proschwitz nach der Säkularisierung des bischöflichen Gutes ein Angehöriger des sächsischen Hofes zum Zuge, in diesem Fall der Hofmarschall Ernst von Miltitz (1495–1555), der nach seinem Übertritt zum Protestantismus zu einer wichtigen Stütze seines Kurfürsten bei der politischen Neuordnung des Landes geworden war. Er stand ihm nicht nur bei der Einziehung des Kirchengutes zur Verfügung, sondern wurde nach dem ersten, die fünf neuen Kurkreise konstituierenden Landtag 1547 auch zum Oberhauptmann des Meißnischen Kreises. Dort hatte er am Ende so viel Grundbesitz zusammengebracht, dass man allgemein von einem »Miltitzer Ländchen« sprach. Auch das ehemalige Tafelgut Proschwitz zählte seit 1554 dazu. Anders als Siebeneichen, das bis 1945 Eigentum der Familie von Miltitz blieb, ging das einstige bischöfliche Tafelgut schon nach einhundert Jahren in andere Hände. Und auch danach wechselte das Anwesen noch mehrfach seine Besitzer.

Bauherr des in seiner Grundgestalt bis heute existierenden barocken Landschlosses war ein Dr. Jacob Friedrich von Schilling. Er ließ jenes L-förmige, zweigeschossige und von einem Doppelwalmdach geschlossene Gebäude errichten, dessen Erscheinung der Besucher noch heute für das Ganze nimmt, wenn er zum ersten Mal durch das wappengeschmückte Haupttor die sich nach innen wendende, abfallende Zufahrt hinabgeht. Die fast schmucklose Zurückhaltung, in der sich das Schloss präsentiert, lässt einerseits weniger auf ein mangelndes Repräsentationsbedürfnis als auf ein realitätstüchtiges Standesbewusstsein schließen. Der etwas zu wuchtig in den Hof tretende, auch als Balkon benutzte Portikus ist eine Zutat aus dem Anfang des 20. Jahrhunderts. Bis dahin war der Haupteingang – man scheut sich, von einem Portal zu sprechen – im Wesentlichen durch eine rahmende Lisenenarchitektur markiert. Durch das ganze Ensemble scheint noch immer die Struktur der Vorgängeranlage hindurch, die primär wirtschaftlichen Bedürfnissen zu dienen hatte.

Auch das sogenannte Dienerhaus an der Ostseite des nach Süden hin offenen Hofes, für das als Baujahr 1776 genannt wird, birgt älteres Gemäuer in sich. Anmerken lässt es sich das freilich nicht. Ganz im Gegenteil. Mutet es doch wie ein kindlich ungelenkes, gleichsam noch nicht »erwachsenes« Spielschloss an, aus dessen kleinen Fenstern jeden Augenblick ein vom Haschen erhitzter Kinderkopf erscheinen kann. Er besäße vermutlich dieselbe stolze und unbekümmerte Kühnheit wie der Uhrturm, der das kleine Schlösschen zentriert. Der unbekannte Baumeister hat ihn nicht nur über die Dächer der beiden Seitenpavillons und des sie verbindenden Mittelbaus steigen, sondern auch ein wenig vor die Fassade treten lassen.

Neben dem Bau des Dienerhauses unter seinem damaligen Besitzer, einem dänischen General Arnstädt, und der Erweiterung des Schlosses durch den westlichen Wohnflügel in den 80er-Jahren des 19. Jahrhunderts ist es vor allem die neubarocke Überformung des Jahres 1914, die das Gebäudeensemble prägt. Sie und die vorbildliche rekonstruierende Sanierung unter seinem derzeitigen Hausherrn Georg Prinz von der Lippe sind es, die Schloss und Park Proschwitz jenen Charakter verleihen, der sie heute vor vergleichbaren Anlagen auszeichnet.

Nach dem Tod der mit Reichsgraf Clemens zur Lippe-Biesterfeld-Weißenfeld (1860–1920) verheirateten Friederike Freiin von Carlowitz war Proschwitz 1909 erstmals in Lippeschen Besitz gelangt. Mit seinem um 1800 hier angelegten kleinen englischen Landschaftspark und dem ländlich schlichten Herrenhaus entsprach das Anwesen aber offenbar nicht mehr den aktuellen Bedürfnissen.

Der seit 1880 in Dresden tätige Architekt William Lossow (1852–1914) arbeitete seit 1906 mit seinem Schwiegersohn Max Hans Kühne (1874–1942) zusammen. Sie hatten in den Jahren 1911 bis 1913 das in unmittelbarer Nachbarschaft zum Dresdner Zwinger gelegene Neue Königliche Schauspielhaus erbaut und dessen tektonische Wucht durch Elemente des Jugendstils und des Barock aufzulockern versucht. Nach den künstlerischen

Schloss Proschwitz, Gartenfront

Reformbewegungen um 1900 war es in den Jahren unmittelbar vor dem Ersten Weltkrieg erneut zu einer Rückbesinnung auf historische Stile gekommen. Auch in Schloss Proschwitz, das 1914 unter ihrer Leitung restauriert und neu gestaltet wurde, schwingt durch die neubarocken Formen die Erfahrung des Jugendstils. Besonders signifikant ist das in den chinoisen, durch die alles verbindende Weichheit der Linien bestimmten Malereien der Deckenkehlen im Inneren des vom Dresdner Zwinger inspirierten Gartenpavillons. Wellenartig schwingt dessen apsidiale Rundung über die vorgelegten gartenseitigen Treppen in den Garten, in das französischen Vorbildern des frühen 18. Jahrhunderts nachempfundene Parterre. Indem diese kleine geometrische Anlage regelwidrig aus der Achse des Pavillons kippt, wendet sie sich auf beiläufige, fast unmerkliche, elegante Weise der bestehenden englischen Anlage zu und verankert sich in ihr.

Gartentreppe und Parterre erlauben reizvolle Blicke in den nur fünf Hektar großen Park, der mit dem Grün seiner Bäume, Sträucher und Wiesen unmerklich in die umgebende Landschaft wächst. Ein kleiner Pavillon, der als Point de Vue aus dem Waldhintergrund hervorleuchtet, markiert die längste Blickachse innerhalb der Anlage und deren südwestlichsten Zipfel. Das in den Jahren 1987 bis 1989 errichtete kleine Bauwerk ist das letzte sichtbare und zugleich originärste Zeugnis der Bemühungen um den Erhalt von Proschwitz, die es bis zum Zeitpunkt des Wiedererwerbs durch die Familie zur Lippe 1997 gegeben hat.

Nach der entschädigungslosen Enteignung 1945 ist das geplünderte Schloss zunächst als Lungenheilstätte in Nutzung gewesen. Von 1979 bis zum Jahr 2000 war es Rehabilitationszentrum für geistig behinderte Jugendliche. Der Glücksumstand, dass der ärztliche Direktor auch denkmalpflegerische Ambitionen besaß und sich als ehrenamtlicher Denkmalpfleger requirieren ließ, rettete das Schloss über die Jahre. Neben substanzerhaltenden Maßnahmen hier kam es auch zu einer Rekonstruktion des angrenzenden Parks.

Der Weg vom Pavillon Richtung Schloss bietet das für den Garten englischer Prägung schönste Landschaftsbild, wenn sich über dem kleinen Wasserspiegel am Grund der Anlage der grüne Hügelkörper empor wölbt und darauf, hinter Bäumen, die Gestalt des Schlosses aufstrahlt, das gleich einer Krone auf ihm zu sitzen scheint.

Siebeneichen

Während Proschwitz auf dem rechtselbischen Ufer ans nördliche Weichbild der Domstadt grenzt, liegt Siebeneichen im Süden auf der linken Seite des Flusses, keine dreieinhalb Kilometer Luftlinie entfernt. Bereits 1543 hatte Ernst von Miltitz aus säkularisiertem klösterlichen Besitz Dorf und Freigut Bockwen erworben und sich auf dem zugehörigen Vorwerk Siebeneichen in exponierter Lage über der Elbe ein neues Schloss erbauen lassen. Der südöstliche Teil der Vierflügelanlage der Renaissance blieb weitgehend erhalten und steht heute wie ein stolzes Erinnerungszeichen für den beeindruckenden Anspruch, den diese Zeit in sich trug, auf dem vorspringenden Bergsporn über dem Tal. Die architektonische Gestalt des übrigen Teils der Anlage ist im Wesentlichen von einem barocken Um- oder Wiederaufbau des Jahres 1748 geprägt. Er war nach einem Brand notwendig geworden, welcher das Schloss 1745, im Jahr der Schlacht bei Kesselsdorf, heimgesucht hatte. Schloss und Gut sind bis zur Beschlagnahme durch die sowjetische Armee im Jahr 1945 bewohnt und bewirtschaftet worden. Monica von Miltitz, die sich in diesem Jahr der wiedergegründeten SPD angeschlossen hatte und eine entschiedene Gegnerin der Vereinigung ihrer Partei mit der KPD war, floh im Sommer 1946 nach Westdeutschland. Danach ist das Schloss von verschiedenen Bildungseinrichtungen der DDR genutzt worden. Seit 1997 residiert die Sächsische Akademie für Lehrerfortbildung in dem für die Öffentlichkeit leider nur ausnahmsweise zugänglichen Gebäude.

Die Lindenallee, auf der man das letzte Stück auf das wappengeschmückte Portal des Barockflügels zuläuft, markiert die alte Wegachse, zu deren Seiten die noch erhaltenen Gebäude des Vorwerks liegen. Im Durchgang zum ersten Hof werden seit 1999 die Fragmente eines Epitaphs für Ernst von Miltitz aufbewahrt. Er ist, kniend vor Christus und umringt von den Aposteln, zweimal dargestellt, als Lebender in voller Rüstung und als Auferstehender im Sterbehemd.

Eine gewisse Berühmtheit erlangte der Name Siebeneichen aber vor allem durch die – man könnte salopp sagen – politischen Eskapaden des Dietrich von Miltitz (1769–1853). Aus Begeisterung für die Ideale der Französischen Revolution verließ er im Alter von 22 Jahren seine Heimat, um gegen die »Vermehrung und Fortpflanzung des Despotismus und der Tyrannei« und für die »gute und die allgemeine Sache der Menschheit« zu kämpfen[18] – vergeblich, wie sich zeigen sollte.

Insbesondere auf Drängen seiner Mutter und seines früheren Vormundes Erasmus von Hardenberg, der seinen Schützling bereits »als einen Defensor des rasenden Jacobiner-Clubs«[19] sah, kehrte Miltitz schon bald nach Sachsen zurück. 1796 heiratete er die aus bürgerlichem Haus stammende Sara Anna, geborene Constable (1774–1819), die er während zweier Englandreisen kennengelernt hatte. Er übernahm die Verwaltung der Familiengüter und wurde während der Besetzung Sachsens durch die Franzosen zum Gastgeber eines deutschgesinnten Freundeskreises, der unter anderem für den Austritt Sachsens aus dem Verband der Rheinbundstaaten eintrat, die auf Seiten Napoleons (1769–1821) standen.

Zu diesem Kreis zählt man unter anderem den Militär Ernst von Pfuel (1769–1866), den Herrn von Kuckuckstein, Carl Adolf von Carlowitz (1771–1837), den lange pronapoleonischen Offizier Johann Adolf Freiherr von Thielmann (1765–1824), den Schiller-Vertrauten Christian Gottfried Körner (1756–1831) aus Dresden und wohl auch den 1809 aus Dresden ausgewiesenen österreichischen Botschaftsvertreter Joseph von Buol-Mühlingen. Der war wie Pfuel ein Freund Heinrichs von Kleist (1777–1811), der während seiner Dresdner Zeit gleichfalls mit dem Siebeneichener Kreis in Berührung kam.

Des Weiteren wird Dietrich von Miltitz als wesentliche Persönlichkeit, ja zuweilen als Begründer des sogenannten Scharfenberger Kreises in Anspruch genommen, einer losen Vereinigung von Künstlern und Intellektuellen der Romantik, zu der unter anderem der junge Theodor Körner (1791–1813), der Leipziger Jurist und Schriftsteller Johann August Apel (1771–1816) sowie auch E. T. A. Hoffmann (1776–1822) und Friedrich de la Motte Fouqué (1777–1843) gezählt werden. Wenn Dietrich auch dem Kreis als Gastgeber und Mitglied angehörte, die Rolle des »Begründers« dürfte wohl eher seinem Vetter, dem Dichter und Komponisten Karl Borromäus von Miltitz (1781–1845), zugekommen sein, der seit 1812 auf dem benachbarten Schloss Scharfenberg lebte, das wie Batzdorf ebenfalls Teil des Miltitzschen Besitzes war.

Nach dem 1806 unternommenen vergeblichen Versuch, als Offizier in die sächsische Armee einzutreten und diese nicht als Werkzeug für, sondern als Waffe gegen Napoleon zu gebrauchen, übernahm Dietrich von Miltitz 1809 das Amt des Inspektors der Fürstenschule St. Afra in Meißen, trat nach der Völkerschlacht bei Leipzig dem nur wenige Monate existierenden »Banner der freiwilligen Sachsen« bei, dessen Reiterei er führte, und avancierte danach zu einem der Gouverneursräte der russisch-preußischen Verwaltung unter dem russischen Generalgouverneur Repnin-Wolkonski (1778–1845). Wie viele seiner Freunde

wechselte auch er nach dem Wiener Kongress in die preußische Armee, die er, vorab zum General befördert, 1830 verließ, um danach wieder auf Siebeneichen zu leben.

Zu diesem Zeitpunkt war seine erste Frau, Sara Anna, bereits elf Jahre tot. Ein Gemälde, das Johann Friedrich August Tischbein (1750–1812) von ihr schuf, zeigt sie in zeittypischem, lose unter dem Busen gebundenen Kleid, mit großen lebendigen Augen und wildlockigem, frei über die Schultern wallendem Haar. Sie hatte in Siebeneichen um 1805 einen Park angelegt, der sich als »Engländerei« sogar im Volksmund herumsprach.

Obwohl er in seiner Grundstruktur wohl weitgehend erhalten blieb, ist dieser Landschaftspark als Kunstwerk zur Zeit nur eingeschränkt erlebbar. Das hat zum einem mit dem weitgehenden Verlust der Bepflanzung der Terrassen und Areale in der näheren Umgebung des Schlosses zu tun. Als Teil des sogenannten Pleasuregrounds unterlagen sie im Gegensatz zum äußeren Park einer besonders intensiven Gestaltung und Pflege und neben heimischen Blütensträuchern sind hier auch Blumen und Exoten gepflanzt worden. Anregend könnte in diesem Fall für die Herrin von Siebeneichen ihr Landsmann, der berühmte Gartenkünstler Humphry Repton (1752–1818), gewirkt haben, der als erster eine geometrische, betont kunstvolle Gestaltung der unmittelbar ans Haus grenzenden Partien des Landschaftsgartens gefordert hat. Der andere, konträre Aspekt betrifft den waldartigen äußeren Park, dessen bei aller Natürlichkeit idealisierte Form ohne die sprichwörtliche Axt natürlich permanent zu verwildern droht. Aus der Vielzahl der Blicke, die sich von den an den Hängen angelegten Spazierwegen auf das Schloss und in das Elbtal ursprünglich wohl boten, ist lediglich ein einziger leidlich über die Zeit gerettet worden. Gerahmt von Laub- und Nadelbäumen erscheint dort der stolze Renaissancebau des Schlosses als romantisches Bild einer vergangenen Zeit, leider ohne das Blütenmeer, aus dem dieser steinerne Kristall einst vielleicht wirklich wuchs.

Vom Plateau auf dem Bergsporn vor seiner leuchtenden Fassade öffnet sich das eindrücklichste Panorama Siebeneichens. Aus dem grünen, von Rhododendronsträuchern durchblühten Idyll des Küchengrundes, der von einem oberhalb des Schlossvorwerks entspringenden Bach durchflossen wird und zu dessen beiden Seiten der Park in die Landschaft steigt, geht der Blick bis auf die Horizontlinie der gegenüberliegenden Kante des Elbtales. Vom Scheitelpunkt des Plateaus, an dem eine kleine Treppe hinabsteigt, gleitet er über die kühne, steil abfallende Wölbung des Rasens unter Bäumen hinweg ins Tal bis zu einem kleinen Teich oberhalb des alten Forsthauses. Früher vielleicht schimmerte seine Gestalt durch die Bäume bis zu dem Schloss hinauf, dessen Alter es in etwa teilen dürfte, und ist nur knapp dem völligen Verschwinden entgangen. Mit den umgebenden, sanft in das Flusstal ausschwingenden Wiesen und den großen Platanen, von denen es bis heute umstanden wird, bildete es einst das stimmungsvolle Entree des Siebeneichener Schlossparks.

»insula fortunata« – Moritzburg

Als »insula fortunata«[20], als »glückselige Insel«, taucht Moritzburg (Farbtafel 6) nicht nur in den Hofpoesien auf. Auch in bildlichen Darstellungen des augusteischen Zeitalters erscheint das von Seen und Wald umgebene Jagdschloss vor den Toren Dresdens vornehmlich als Lust- und Festort. Das derbe Vergnügen der Jagd, welches die Wettiner seit dem Mittelalter hier im Friedewald gepflegt hatten, verband sich während dieser Epoche stärker als je zuvor mit jener allgemeineren »Jagd« nach dem Glück, die uns das 18. Jahrhundert als durchaus ambivalentes Erbe hinterlassen hat. In diesem Sinn verwandelte sich die Moritzburg zur »Dianenburg«, wenn die Jagdgöttin Diana mit einem Gefolge von Nymphen aus dem Schlossportal trat, um eine Amazone zu begrüßen, die im wirklichen Leben Maria Aurora Gräfin von Königsmarck (1662–1728) hieß.

Nachdem Friedrich August I. am 20. Januar 1693 Christiane Eberhardine von Brandenburg-Bayreuth (1671–1727) geehelicht und damit die verwandtschaftliche Brücke zu den Hohenzollern erneuert hatte, kürte er Aurora von Königsmarck im Jahr darauf zur ersten seiner zahlreichen Mätressen. Ein zeitgenössisches Gemälde im Schloss Moritzburg zeigt eine Frau, die selbstbewusst ihre körperlichen Reize ausspielt. Sie steht zwischen einem jüngeren, sich halb hinter ihr verbergenden Mädchen, in der man Auroras Pflegetochter Fatime vermutet, und einer älteren, desillusioniert blickenden Dame, der Witwe eines Oberst Wrangel, wie man glaubt.[21]

Schon nach zwei Jahren verließ die Gräfin den sächsischen Hof Richtung Goslar, wo sie am 28. Oktober 1696 einen Sohn gebar, also nur wenige Tage nachdem auch die Gemahlin Augusts in Dresden mit einem Jungen niedergekommen war. Während dieser seinem Vater auf dem Thron folgte, avancierte der später von August legitimierte Hermann Moritz (1696–1750) als Marschall und schließlich Generalfeldmarschall von Frankreich zu einem der bedeutendsten Militärs seiner Epoche. Der preußische König Friedrich II. (1712–1786) pries ihn als Lehrer aller Generäle Europas. Hier schlug nicht das väterliche, sondern das mütterliche Erbe durch, denn Aurora stammte aus einer altmärkischen Adelsfamilie, deren männliche Vertreter im 17. Jahrhundert fast durchweg im Militär Karriere gemacht hatten.

Die »Karrieren« der Mütter beider Halbbrüder führten dagegen ins Abseits, wenn auch nicht in die Wirkungslosigkeit. Aurora erhielt 1698 den Posten der Koadjutorin, zwei Jahre darauf den der Pröpstin des freiweltlichen Damenstifts Quedlinburg. Das hinderte sie jedoch nicht daran, abwechselnd in Berlin, Dresden und Hamburg zu leben oder diplo-

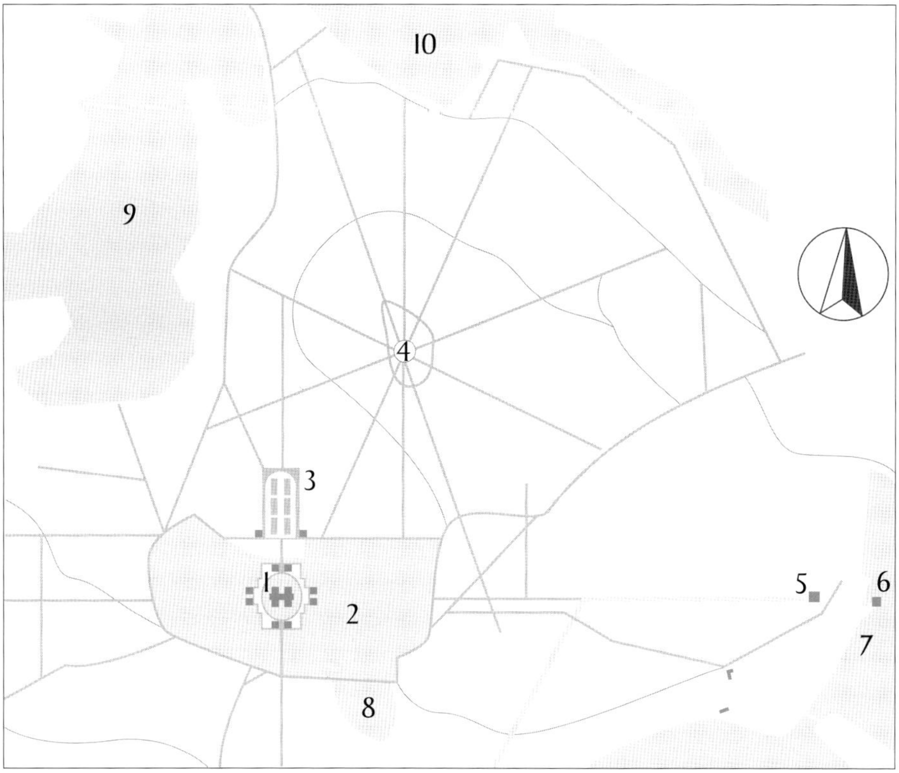

Schlosspark Moritzburg

1	Schloss	6	Leuchtturm
2	Schlossteich	7	Bärnsdorfer Großteich
3	Barockgarten	8	Schwanenteich
4	Hellhaus	9	Mittelteich
5	Fasanenschlösschen	10	Frauenteich

matische Missionen zu übernehmen. Christiane Eberhardine, die auf die polnische Krone gepfiffen und nicht gemeinsam mit ihrem Gatten katholisch geworden war, ging in eine von wenigen Besuchen in der Residenz unterbrochene »Emigration«. Sie lebte zunächst in Torgau, später in einem von Pöppelmann umgebauten Renaissanceschloss in Pretzsch, wo sie im September 1727 auch starb und in der dortigen Stadtkirche beigesetzt wurde. Von den Protestanten als »Betsäule von Sachsen« verehrt, erwiesen der Kurfürstin weder ihr Gatte noch das einzige Kind die letzte Ehre.

Doch zurück in die »Dianenburg«, auf die »glückselige Insel«. Glaubt man den romanesken Berichten des Freiherrn von Pöllnitz (1691–1775) über das galante Sachsen,[22] so empfing der Kurfürst seine neue Favoritin in der Verkleidung eines Pan. »Wie viel Schmeichelhaftes sagte ihr dieser Gott! Wie eifrig war er, sie zu bedienen! Welche Mühe gab er sich, ihr zu gefallen und sie von seiner Leidenschaft zu überzeugen! Tausendmal flüsterten sie einander zu: ›Wie lieb Sie sind! Wie ich Sie liebe! Ich werde Sie ewig lieben!‹«[23]

Das war das lüsterne, zwischen geilem Bock und Mensch-Gott pendelnde Zwitterwesen, als welches die Zeit den Naturgott gern verharmlosend darstellte. Vom sprichwörtlichen »panischen Schrecken« oder der »Panik«, die er dem Mythos nach verbreiten kann, ist wenig zu spüren. Die Allgewalt ursprünglicher Natur jenseits des Sozialen, die er vertrat, ihre markerschütternde, scheinbar fest gefügte Ordnungen zersprengende brachiale Kraft wurde beschwichtigt in einer wohl sexualisierten, doch ebenso strengen, formelhaften Etikette. Näher wagte man sich an diesen »Abgrund« nicht heran.

Einstweilen floh man vor den selbst erfundenen Reglementierungen des Hoflebens und der zermürbenden Last der Staatsgeschäfte auf die während des 18. Jahrhunderts eifrig aus- und neu gebauten Landschlösser und Sommersitze. Die dort vielfach betriebene Jagd, die mit Saufgelagen und einer exzentrischen Hingabe an fleischliche Genüsse verbunden war, hatte schon immer auch zur Ableitung von Frustration und angestautem Triebpotential gedient.

Vom Jagdhaus zum Schloss

Der als Pan kostümierte Kurfürst Friedrich August I. hatte Aurora von Königsmarck noch im Vorgängerbau des heutigen Schlosses, also im Grunde noch in jenem »Fürstlich Jagthauß« empfangen müssen, welches auf Veranlassung von Kurfürst Moritz (1521–1553) im Friedewald einst gebaut worden war. Ihm zu Ehren hatte man es »Moritzburch« genannt, denn eine Burg, so scheint es, sollte es schon sein für einen so bedeutenden Herrn. Schließlich war Moritz derjenige gewesen, der durch einen geschickten Frontwechsel in das katholische Lager des Kaisers seinem Vetter Johann Friedrich I. 1547 in der Schlacht bei Mühlberg den Kurfürstenhut abgejagt hatte und auf diese Weise zum Begründer des sächsischen Kurstaates geworden war. Vielleicht dachte August an seinen berühmten Altvorderen, als er die nächsthöhere Stufe erstieg und zum König von Polen gekrönt wurde. Auch er hatte ja für diese Erhebung seinen alten Glauben geopfert.

Vermutlich spätestens nach seiner Krönung dürfte dem in dieser Beziehung ohnehin anspruchsvollen und künstlerisch ambitionierten Herrscher die alte Jagdburg als nicht mehr standesgemäß erschienen sein. Schon um 1700 entstanden Planzeichnungen zu einer grundlegenden Umgestaltung. Darunter befinden sich, wie so oft, auch Entwurfsskizzen von Augusts eigener Hand.

Die Grundgestalt der ursprünglichen Anlage, welche Moritz von Sachsen von 1542 bis 1546 am westlichen Rand des »Moßebruches« errichten ließ, ist im Bau des heutigen Schlosses gleichsam aufgehoben. Vier massive Ecktürme, die durch Mauern verbunden waren, hinter denen sich Wehrgänge und Ställe befanden, bildeten einen fast quadratischen Hof. In ihm stand das eigentliche Herrenhaus. Der Mitteltrakt des heutigen Schlosses ruht noch auf dessen Fundamenten und in den beiden Südtürmen stecken noch Reste der einstigen Wehrtürme.

1582 bis 1584 ist die Moritzburg unter Kurfürst August von Sachsen (1526–1586) erstmals umfänglicher erneuert und modernisiert worden. Ein nächster, mit bemerkenswerten Erweiterungen verbundener Bauschub folgte erst nach dem Dreißigjährigen Krieg. Instandsetzungsarbeiten der im Krieg beschädigten Anlage begannen zunächst unter dem Landbaumeister Ezechiel Eckhardt (1595–1673).

Nachdem Johann Georg II. (1613–1680) nach dem Tod seines Vaters 1656 den Thron des sächsischen Kurstaates bestiegen hatte, übernahm der im Jahr zuvor bereits auf sein Drängen aus italienischen Diensten zurückberufene und nun zum Oberlandbaumeister gekürte junge Wolf Caspar von Klengel (1630–1691) die Leitung der jetzt wesentlich intensivierten Arbeiten. Klengel stammte aus einer alten Baumeisterfamilie. Der aus Nürnberg gebürtige Paul Buchner (1531–1607) war sein Großvater gewesen und hatte mit dem Bau des Zeughauses, des Stallgebäudes und Stallhofes des Dresdner Schlosses oder des alten Gewandhauses Wesentliches zur Architektur der Renaissance in der jungen sächsischen Residenz beigetragen.

Mit seinem vom italienischen Hochbarock eines Gian Lorenzo Bernini (1598–1680) und Francesco Borromini (1599–1667) beeinflussten Enkel tat nun der Dresdner Barock seinen ersten wirklich beherzteren Schritt, und zwar in Gestalt einer Kapelle für das Jagdschloss Moritzburg. Wobei sich später nicht nur die stilistische Anmutung dieses Gebäudeteils im Verhältnis zum gesamten Ensemble verkehrt hat. Denn diese Kapelle, die einst eine gewisse Dominanz besaß und Modernität ausstrahlte, wirkt heute im Gesamtkontext der Westfassade beinahe altertümlich. Freilich beschert ihr das ebenfalls eine Sonderstellung, die sich auch in formalen Eigenheiten manifestiert.

So handelt es sich zum Beispiel bei den Fenstern um »für Klengel typische, der italienischen Festungsarchitektur entlehnte Gestaltungsmotive«[24]. Indem der Architekt die eigentliche Fensterfläche nochmals als Mauer ausführen und erst da hinein ein rechteckiges und ein ovales Fenster setzen ließ, muten sie wie Scheinarkaden an. Und es sind vor allem diese tief in das Mauerwerk eingeschnittenen Fensterlaibungen, welche dem Baukörper seine eigentümlich naive, kraftvolle Vitalität bewahrt haben. Geschlossen wird er von einem elegant geschweiften Walmdach mit einem 22 Meter hohen Dachreiter. Auf dessen Spitze dreht sich eine Wetterfahne, die das Schattenbild jenes Kometen darstellt, der im Jahr 1665 über den Moritzburger Himmel gezogen sein soll.

Den Auftrag für den Entwurf der Kapelle erhielt Klengel von Johann Georg II. um 1660. Geradezu programmatisch scheint die Grundidee, die alte kastellartige Anlage für den Neubau nicht nur durch die moderne Form, sondern zugleich in ihrem bisherigen Grundriss aufzubrechen. Indem der junge Architekt die Westflanke des Hofquadrats öffnete und von da das Kirchenschiff hinaus in die Landschaft schob, erhielt der ganze Komplex plötzlich eine Gerichtetheit, die er bis dahin nicht besessen hatte. Dass dies nur den sicher beengten räumlichen Verhältnissen des Jagdhofes zu verdanken ist, will man nicht glauben. Eine Quelle der Inspiration mag diese Not immerhin gewesen sein.

Schon zur Grundsteinlegung ließ Johann Georg II. eine Gedenkmünze schlagen. Zur Weihe im Jahr 1672 folgte eine weitere. Auf deren Vorderseite ist der Kurfürst selbst vor dem Altar seiner neu erbauten Kapelle zu sehen, kniend, mit dem Rücken zum Betrachter und zur Seite gelegten Herrschaftsinsignien.

Vergleicht man die Darstellung auf der Medaille mit der heutigen Situation, so fallen als markante Veränderungen die Umgestaltung des Altars und der Abbruch einer halbrunden, die Fenster schneidenden und zu beiden Seiten des Altars ausschwingenden Empore auf. Beide Umbauten standen wohl noch im Zusammenhang mit der 1700 erfolgten Katholisierung der ursprünglich protestantischen Kapelle und wurden in den Jahren 1745/46 realisiert. Statt der Verklärung Christi, die Stefano Cattaneo 1769 für den Altar gemalt hatte und die thematisch mit dem noch vorhandenen Deckengemälde korrespondierte, das die Himmelfahrt Christi darstellt, findet sich seitdem eine Himmelfahrt Mariä. Die beseitigte Empore stellte ein Pendant zur »Cavaliersempore« im Osten des Raumes dar, über der sich die geschlossene Herrscherempore befindet. Neben dem sogenannten »Heerespaukerstand« gegenüber der Kanzel diente sie höchstwahrscheinlich ebenfalls musikalischen Aufführungen, zum Beispiel als Standort für einen Chor oder ein Orgelpositiv.[25]

Vielleicht ist die Moritzburger Kapelle und ihre Gestalt überhaupt zu einem guten Teil aus der Leidenschaft zu erklären, die Johann Georg II. insbesondere für geistliche Musik hegte, wie sie etwa Heinrich Schütz (1585–1672) komponierte. Schütz war 1617 von Johann Georg I. als Kapellmeister an den Dresdner Hof verpflichtet worden und hatte dort schon dem 16-jährigen Prinzen seine »Symphoniae Sacrea I« (SWV 257–276) gewidmet. Um 1640/41 gründete dieser eine eigene kurprinzliche Kapelle, die er nach seiner Thronbesteigung mit der fürstlichen vereinigte und bis 1665 auf etwa 50 Musiker erweiterte. Diese Hofkapelle wurde allerdings nicht mehr von Schütz dirigiert, denn der erhielt neben der ehrenden Beförderung zum Oberhofkapellmeister von Johann Georg II. endlich auch die lange erbetene Erlaubnis, sich aus Altersgründen vom Hofdienst zurückziehen zu dürfen.

Im Großen und Ganzen ist das Innere der Moritzburger Schlosskapelle aber so überliefert, wie sie auf der Medaille dargestellt wurde. Große Partien der durch italienische Handwerker ausgeführten Stuckornamentik des Raumes waren ursprünglich allerdings farbig und mit Gold gefasst. Typisch für diese frühe Phase des Barock ist es, dass die von starker, zuweilen grober Plastizität und dadurch von einer gewissen Schwere geprägte Ornamentik ein quasi eigenständiges Dasein führt. Zu diesem Zeitpunkt hatte noch keine Symbiose zwischen Architektur und Ornament stattgefunden, wie sie der reifen Periode des Stiles in Dresden insbesondere durch Matthäus Daniel Pöppelmann und den großen Balthasar Permoser gelingen sollte.

Von Letzterem ist eines seiner bedeutendsten Spätwerke in die Moritzburger Schlosskapelle gelangt. Es handelt sich um die zweite von drei erhaltenen Fassungen eines »Christus an der Martersäule«. Im diesem Werk des 74-jährigen Meisters beginnt der Marmor, aus dem er es schuf, gleichsam zu bluten. Der Schmerz, der sich aus dem heftig verrenkten Körper entlädt, scheint auf den Betrachter zuzustoßen.[26] Nicht der verklärte Gott, sondern die gequälte menschliche Kreatur ist es, die in dieser Figur unnachahmlich Sprache gewinnt. An einem Ort wie Moritzburg, an dem die bewusst herbeigeführte Qual und der spektakulär inszenierte Tod der tierischen Kreatur selbstverständliche Teile eines festlichen Ritus darstellten, setzt diese kleinformatige Skulptur einen verstörenden Kontrapunkt.

Während Permoser nie direkt für Moritzburg tätig war, gilt Matthäus Daniel Pöppelmann als der prägende Baumeister des Schlossbauprojektes im Friedewald. Spätestens seit 1703 gab es Pläne zu einer grundlegenden Neugestaltung, die jedoch wegen ungünstiger äußerer Umstände nicht zur Ausführung kamen. Ihre entscheidende Schwäche bestand darin, dass sie sich nicht von der Ost-West-Orientierung zu lösen vermochten, die Klengel durch seinen Kapellenbau so kraftvoll festgelegt hatte und die man offenbar keineswegs durch einen Abriss aufzuheben gedachte. Erst Pöppelmann brach diesen Bann, indem er das Schloss

Schloss Moritzburg, Kapelle (Foto: Manfred Thonig, 1969)

auf einem Achsenkreuz platzierte und dadurch sowohl das Gebäude selbst als auch dessen Einbindung in die Umgebung konzeptionell klärte. Allerdings sind auch diese ersten Entwürfe aus dem Jahr 1716 in ihrer konkreten Ausarbeitung nicht Wirklichkeit geworden.

Mit dem Neubau des Schlosses unter der Oberleitung Pöppelmanns ist erst im Frühjahr 1723 begonnen worden. Im Wesentlichen fertiggestellt war der stufenweise vorangetriebene Bau 13 Jahre später, also just im Todesjahr seines Architekten. Moritzburg muss von besonderer Bedeutung für ihn gewesen sein. In seiner Wohnung in der Dresdner Schlossstraße hing ein Gemälde der neuen Anlage, die seit 1725 vielfach auch als »Königsburg« in den Akten auftaucht. Es wird sich um ein Bild gehandelt haben, das ähnlich wie der Kupferstich von Johann August Corvinus (1683–1738) ein zu diesem Zeitpunkt noch nicht realisiertes Idealprojekt darstellte: die Schlossinsel mit dem erhöht auf einem Podest aufgebauten Schloss inmitten des seit 1730 ausgegrabenen und nun von Schiffen befahrenen Schlosssees, dahinter die Landschaft, das da hineingetriebene Halboval des Schlossparks und das bis in den Horizont sich ziehende Netz der Jagdschneisen des Friedewaldes.

Auf einer Tafel, die August der Starke schon 1728 an seinem neuen Schloss anbringen ließ, hieß es: »Ihr Gäste kommt herbey aus aller Welt Vier Ecken!/Man läßet hier für euch die Tafel Wol-Feil decken./Wer ist, der nicht dies Hauß fürs beste Wirths-Hauß hält,/Da hier die Herberg ist für jeden Theil der Welt.« Schon in diesen simplen Versen spiegelt sich die Grundgestalt der Anlage, mit ihren vier Ecktürmen, die für die damals bekannten Erdteile stehen, dem eingezogenen und dadurch einladenden Baukörper, der als Herberge ein Ort der Reise, des Durchgangs ist von den mühseligen Staatsgeschäften zur lustvollen Jagd, zu festlichem Vergnügen.

Pöppelmann nahm diesen Gedanken auf, indem er die neu angelegte und schnurgerade aus Dresden herausführende, direkt auf das Südportal stoßende Straße im Erdgeschoss durch das Schloss hindurch und weiter in das Jagdrevier führte. Dieser Weg kann natürlich auch in entgegengesetzter Richtung befahren werden. Die nahezu identische Gestaltung »beyder Entreé« – so lautet die Bezeichnung auf der Ansicht einer Fassade aus der Zeit um 1727[27] – bestätigt diesen Gedanken. Seitlich befinden sich in den sogenannten Wagenhallen »Parknischen« für die Kaleschen der Gäste und die Aufgänge ins erste Geschoss, wo die beschriebene Bewegung – tatsächlich und sinnbildlich auf höherer Ebene – vermittels der künstlerischen Ausstattung ebenfalls thematisiert wird.

Der zentrale Raum des Obergeschosses ist der sogenannte Steinsaal. Er verdankt seinen Namen den Sandsteinplatten, die seinen Fußboden bedecken. Es ist ein Nachklang der Wagenhallen, von denen man eben aufgestiegen ist. Ob in seiner Mitte, also da, wo sich das fiktive Achsenkreuz der Moritzburg schneidet, schon immer ein freier und nicht mit Stühlen ausgestatteter Tisch gestanden hat, lässt sich nicht sicher sagen. Doch stellt die-

Johann August Corvinus, »Prospect des Königl. Pohln. und Churfürst. Sächs. schönen Jagd und Lust Schlosses Moritzburg«, Kupferstich von 1733

ser Tisch ein sinnfälliges Bild für den Durchgangs- und Warteraum dar, als der dieser weiß ausgemalte Saal schon immer genutzt worden ist. Zwei große Gobelins, welche die Abreise aus Dresden und die Ankunft des Kurprinzen Friedrich August im berühmten französischen Königsschloss von Fontainebleau darstellten, hingen ursprünglich über den Türen, die in den Monströsen- beziehungsweise in den Billardsaal führen.

Monströsen nennt man jene abnorm verkrüppelten Geweihe, für die Johann Christian Kirchner (1691–1732) die vergoldeten Köpfe schnitzte und die im gleichnamigen Saal an den Wänden hängen. Der Zeitgeschmack liebte das Abnorme, das zugleich einmalig war und ein Gefühl von Ungeheuerlichkeit verbreitete. Hier feierte es seinen Höhepunkt in einem sogenannten 66-Ender, den der nachmalige preußische König Friedrich I. (1657–1713) 1696 im Amt Fürstenwalde geschossen haben soll. Von menschlicher Monströsität zeugt freilich die Art des Erwerbs, denn angeblich ging als Preis dafür eine ganze Kompanie sächsischer Grenadiere nach Preußen, wie 1717 600 Dragoner für Porzellan.[28] Vielleicht, dass man selbst mit diesen Dingen spielte, sie zur wirkungsvollen Selbstinszenierung nutzte. Der nach Süden Richtung Dresdner Residenz gelegene Monströsensaal war ja als Audienzsaal des Schlosses konzipiert worden, und zwar mit ziemlicher Raffinesse. Wer den Raum aus dem lediglich indirekt sparsam durch die seitlichen Lichtschächte beleuchteten Steinsaal betrat, wurde, wenn die Sonne schien, von ihr geblendet und hatte sich einem Herrscher zu nähern, der in der Glorie eines Strahlenkranzes saß. Die Paral-

lele zu Frankreichs Ludwig XIV. , der sich als Sonnengott verehren ließ, liegt nahe, zumal sich die sächsische Version dieses »Gottes« im Monströsensaal folgerichtig von Ebenbürtigen umgeben ließ. Die Wände des Raumes sind von einem Gemäldezyklus bedeckt, der Szenen aus dem Leben der Diana/Artemis nach den »Metamorphosen« des Ovid wiedergibt.

Artemis war die Schwester des Sonnengottes Apoll und Tochter von Zeus und Leto. Aus Rache dafür, dass sie ihre Mutter verhöhnt hatte, töteten die Geschwister die vierzehn Kinder der Niobe, die vor Schmerz erstarrte und sich in einen weinenden Felsen verwandelte. Eines der Bilder stellt diesen Rachefeldzug dar.

Zwischen 1728 und 1730 ließ August der Starke sowohl den Monströsen- als auch den Billardsaal mit monumentalen, auf Leder gemalten Bildern ausstatten. Als ihr Schöpfer gilt Lorenzo Rossi (um 1690–1731), unterstützt von Giovanni Battista Groni (1682–1748), dem vor allem die Scheinarchitekturen der Supraporten, die ornamentale Rahmenfassung der Gemälde und einige Bildhintergründe zugeschrieben werden.[29] Rossi war seit 1721 in Dresden als Hofmaler tätig und orientierte sich vor allem an venezianischen Vorbildern. Die Moritzburger Monumentalgemälde gelten als einzige spätbarocke Zyklen profanen Inhalts nördlich der Alpen, die noch am originalen Standort und in einem umfassenden räumlichen Zusammenhang zu erleben sind.[30]

Schloss Moritzburg, Billardsaal (oben; Foto: Walter Möbius, 1956) und Monströsensaal (links; Foto: Walter Möbius, 1939)

Während im ehemaligen Audienzsaal der Ewigkeitsanspruch des Mythos regiert, so im Spiel- oder Billardsaal der nördlichen Gartenseite die eigene, in den Kreislauf der Jahreszeiten eingebundene Geschichte. Es sind Darstellungen höfischer Feste und Jagden, wie sie zur Zeit Augusts des Starken in Moritzburg stattgefunden haben. Richtiger gesagt sind es künstlerisch verdichtete und idealisierte Bilder jener Jagden und Feste. Sie transferieren das Erlebte gleichsam in ein Goldenes Zeitalter und wollen den Dargestellten auf diese Weise ihren Zipfel Ewigkeit sichern. In einem Bild, das als »Polnisches Fischerfest« überliefert ist, ließ sich der König selbst in der Tracht eines polnischen Edelmannes an der Seite einer schönen Frau malen. Vielleicht ist es die historische Aurora von Königsmarck, die in diesem Zusammenhang wohl das Weibliche an sich verkörpert. Als authentisch gelten dagegen die Porträts des Hofzwerges Kyau zur Linken des Königs und die des Hofnarren Joseph Fröhlich (1694–1757), der im Herbst des Jahres 1727 als kurfürstlich-königlicher Hoftaschenspieler und kurzweiliger Rat an den Dresdner Hof gekommen war.

Der Weg vom Monströsen- zum Billardsaal war der von höfischer Repräsentanz zu menschlichem Vergnügen. Hier, wo die Kavaliere ohne Degen zu erscheinen hatten, herrschte eine gelockerte Etikette und selbst der König verzichtete darauf, seine Stellung als »Platzhirsch« zu markieren – es finden sich keine Geweihtrophäen im Billardsaal. Von den Fenstern der von der Residenz abgekehrten Gesellschaftsräume geht der Blick auf den Park und in den Wald, wie der aus dem Monströsensaal Richtung Herrschaftszentrum Dresden.

Es ist interessant zu bemerken, dass der Speisesaal der einzige Raum im Schloss ist, aus dem man wirklich in beide Richtungen schauen kann, indessen die Kapelle, dessen architektonisches Pendant er darstellt, lediglich Licht »empfängt«. Steht hier das Geistige in Gestalt des Religiösen im Vordergrund, so dort das Körperliche – eine widersprüchliche Dualität, genial übersetzt ins Architektonische. In dieser Ost-West-Achse, so könnte abstrahiert werden, wiegen sich die Grundkomponenten der menschlichen Existenz aus. Indessen die Nord-Süd-Achse, wie zu sehen war, durch Bewegung und Veränderung charakterisiert wird, herrscht hier eine Art von existentiellem Kontinuum.

Dass sowohl die Kapelle als auch der Speisesaal nicht von außen, sondern nur von innen zugänglich sind und vor ihren Stirnseiten jeweils kleine Häfen angelegt wurden, vervollkommnet dieses Bild in sinnfälliger Schönheit. Hier ist es das zum Schloss Hinauf- und zum Wasser Hinabsteigen, eine Bewegung, langsam und gleichsam in der Vertikale, zu der auch das Spiegelbild des Schlosses auf der Wasserfläche gehört. Für den heutigen Fußgänger nur noch ahnungsweise nachzuempfinden ist die zeittypische Anreise mit der

Blick über den Schlossteich auf Schloss Moritzburg

Pferdekutsche über die Nord-Süd-Achse. Vor allem der Effekt jener optischen Beschleunigung, der durch die aus der Ebene zum Portal emporschwingende Schlossrampe hervorgerufen wird, muss einst eine furiose Wirkung auf den Reisenden gehabt haben.

Die Idee, das Schloss durch eine Terrasse aus der flachen Landschaft zu heben, hatte August der Starke schon 1703 in einer Handskizze formuliert. Die doppelte Terrasse, auf der es nun über der Wasserfläche steht, ist einmalig im europäischen Schlossbau dieser Zeit.[31] Neben der durch kräftige Volumen charakterisierten Grundgestalt, ist es vor allem diese erhabene Position, auf welcher die grandiose Fernwirkung des Komplexes beruht. Im Gegensatz zum Innern, dessen reiche kunsthandwerkliche und künstlerische Ausstattung an Möbeln, Gemälden oder Porzellan hier lediglich angedeutet werden konnte, besitzen die Fassaden eine geradezu spartanisch anmutende architektonische Gliederung, plastischen Schmuck gar nur die Portalzonen. So ist immer wieder gefragt worden, ob und wie der Baumeister des Dresdner Zwingers, der die »tollste« und »zugleich graziöseste Faschingslaune der Architektur«[32] hervorzauberte, zu solcher »Beschränkung« fähig gewesen sei.

Sicher ist es so gewesen, dass sich Pöppelmann nach dem Zwingerbau zunehmend Einflüssen des klassizistisch geprägten französischen Barock öffnete. Auch war er in der Lage, die Bedingungen und Erfordernisse des Ortes zu berücksichtigen. Ob in Moritzburg darüber hinaus die Hand eines weiteren Architekten vermutet werden darf, ob es wirtschaftliche Zwänge oder gar konkrete Wünsche des Bauherrn gab, die zur endgültigen Gestalt führten – wir wissen es nicht.

Die Gestalt des Moritzburger Schlosses ist auf Fernwirkung berechnet. Der immer wieder faszinierende Blick vom südwestlichen Ufer des Schlossteiches wird heute durch jene aus dem Ballon, dem Flugzeug oder dem Satelliten bestätigt. Wie eine Sonne sollte diese »Königsburg« in die Ferne strahlen und Gäste aus allen »Vier Ecken« der Welt anziehen, die – wie bereits erwähnt – den damals bekannten vier Erdteilen entsprachen. Scheinbar beiläufig eingefügt, finden sich ihre Allegorien unter den Putten auf den Balustraden der Schlossterrasse.

Ab 1727 waren die Werkstätten der einstigen Permoser-Schüler Benjamin Thomae (1682–1751) und Johann Christian Kirchner für Moritzburg tätig. Neben den Statuen des Piḱörs und des Jägers auf den Postamenten der Südrampe sind vor allem die drolligen Putten zu einem Synonym für die Anlage geworden. Mit viel Humor und überquellender Erzählfreude kommentieren sie unter anderem die am Ort im Mittelpunkt stehende Freizeitbeschäftigung der Jagd und den Fischfang. Von dieser Haltung und dem Idealcharakter Moritzburgs als »Herberg [...] für jeden Theil der Welt« sind auch die Allegorien der Erdteile

Schloss Moritzburg, Piḱör von Johann Christian Kirchner an der Rampe zur Schlossterrasse

geprägt. Weniger wehrhaft als wissensdurstig und freigebig wirkt Europa, Wohlgeruch und Handel verbreitend Asien. Eine Schlange zerreißend, die sich in seinen Penis verbissen hat, erscheint Afrika als neuer Herkules. Amerika mit Federschmuck vermittelt den Eindruck, wild und zugleich anziehend exotisch zu sein.

Die durch das Achsenkreuz vorgegebene Vierzahl greift durch den herrschenden Symmetriegedanken ganz selbstverständlich vom Schloss auf die umliegenden Anlagen über. Wie das Achsenkreuz den Inselgarten strukturiert, besitzen die mächtigen Rundtürme in den Häuschen an den Flanken der Häfen und Zugänge an den mit Kastanienalleen besetzten Dämmen ihr architektonisches Echo. Selbst in den am südlichen Dammeingang 1730 aufgestellten sächsischen Postmeilensäulen sowie in den Kavalierhäusern des jenseits der künstlichen Schlossinsel als Halboval in den umgebenden Wald stoßenden französischen Parks hallt dieses Echo wieder.

Der in der Zeit zwischen 1727 und 1733 angelegte Garten »bey unseren Jagd Schloß« war ausdrücklich nicht nur als Lust-, sondern zugleich als »Baum und Küchen Garthen«[33] geplant worden. Überhaupt waren ursprünglich zahlreiche wirtschaftliche Komponenten in das Gesamtprojekt Moritzburg eingebunden. So bestand der Plan des Aufbaus einer Handwerkersiedlung mit Kirche und Schule, die Stadtrecht vom König erhalten sollte, doch die Realisierung scheiterte an zu geringem Interesse. Deswegen sind 1732 schließlich nur wenige dieser Handwerkerhöfe entlang der heutigen Schlossallee errichtet worden.

Auch das weitgehend erhalten gebliebene, erst nach dem Tod August des Starken ausgeführte Stallgebäude an der Ecke Schlossallee/Radeburger Straße sollte ein Pendant auf der gegenüberliegenden Seite erhalten. Auf die Torpfeiler dieser Stallungen setzte man die Büsten der beiden als Gegenspieler agierenden Hofnarren Gottfried Schmiedel und Joseph Fröhlich. Die zugehörige Mauer ist später überbaut worden. So scheinen der Postmeister und »Hoflustigmacher« Schmiedel sowie der »Hoftaschenspieler und kurzweilige Rat«, der 1744 den Posten des königlich-polnischen Mühlenkommissarius erhielt, heute aus dem Dach zu gucken. Vielleicht wie einst aus den Straßenbäumen, die sie hier bestiegen haben sollen, um ihren überraschten König auf gehörig närrische Art begrüßen zu können. Zumindest Fröhlich hatte August hier nicht erwartet, da er ihn kurz zuvor wegen eines derben Streiches in Arrest hatte setzen lassen. Doch scheint er es mit Humor genommen zu haben und vielleicht mit der weisen Einsicht, dass selbst ein König die Narrheit nicht festsetzen kann und sie ihm immer ein Stück voraus ist.

Mit dem Tod des ersten sächsischen Kurfürsten, der auch auf dem polnischen Thron gesessen hatte, blieben auch die meisten seiner Projekte liegen, nicht nur in Moritzburg.

Bei den Wettinern, denen bereits unter Kaiser Ludwig IV. (1282–1347) die Würde des Obrist-Reichs-Jägermeisters verliehen worden war, hatte die Jagd immer obenan gestanden. Die Ausgaben für die Hofjägerei zählten zu den höchsten im fürstlichen Haushalt. Dazu gehörte nicht nur die eigentliche, mit hohem Personalaufwand betriebene Jagd. In diesem Zusammenhang standen zum Beispiel auch der Bau von Forst- oder Jagdhäusern und die Einrichtung mit schnurgeraden Jagdschneisen durchzogener Tiergärten.

Das vielleicht eindrücklichste Zeugnis eines solchen Projektes ist der sogenannte Eiskeller in Moritzburg, der nahe dem Schlossteich im Wald liegt. Der Plan sah vor, den gesamten Friedewald durch ein riesiges Schneisen-Polygon zu gliedern, dem hier eine Steinkuppe im Wege lag. Ehe der König offenbar das ganze Projekt sterben ließ, brachen im Jahr 1729 Bergleute einen 100 Meter langen, 4 Meter hohen und 5 Meter breiten Tunnel in den Hügel, der später kurze Zeit als Eiskeller genutzt wurde.

Bereits 1725 hatte man den wesentlich kleineren, achtstrahligen Schneisenstern auf dem nordöstlich gelegenen Hell- oder Höllenberg angelegt, dessen Zentrum noch heute durch das Hellhaus markiert wird. In dem von einer Aussichtsplattform bekrönten pavillonartigen achteckigen Schlösschen klingt die Leichtigkeit des moderaten Dresdner Rokoko auf, das noch bis um 1800 den bestimmenden architektonischen Ton in der sächsischen Residenz angab. Sein Baujahr 1776 zählt zu denjenigen Jahren, in denen die im Wesentlichen barock geprägte Kulturlandschaft Moritzburg einen überaus reizvollen, der Mode der Zeit entsprechend romantisch getönten Beiklang erhielt.

Fasanenschlösschen am »sächsischen Meer«

Schon unter August dem Starken war ein Fächer von Sichtschneisen geplant und angelegt worden, der sich vom Balkon des Speisesaals der Moritzburg in das östliche Waldareal bis zum Frauenteich und zum Bärnsdorfer Großteich beziehungsweise den angrenzenden Feldfluren öffnete. Von den markanten Blickpunkten, die sich der König an jedem ihrer Enden vorgestellt hatte, ist allerdings nur einer realisiert worden. Es war jener, den heute das Fasanenschlösschen auf der bestimmenden, seit einiger Zeit wieder erlebbaren Ost-West-Achse am Bärnsdorfer Großteich bildet.[34] 1727 ist dort eine erste Fasanerie eingerichtet worden.

Fasanerien gehörten zur Grundausstattung komplexer barocker Großanlagen, wie sie Moritzburg darstellt. Hier züchtete man den in Mitteleuropa nur bedingt überlebensfähigen, von den Römern aus Vorderasien eingebürgerten Hühnervogel zur Auffüllung der Jagdbestände. In der vorherrschenden Monochromie des heimischen Wildes bildeten die farblich auffälligen Rassen wie Gold-, Diamant- oder Mikadofasan zugleich eine ästhetische Bereicherung und brachten einen Hauch von Exotik in das Grün der mitteleuropäischen Wälder. Ausschließlich der Befriedigung des Bedürfnisses nach Exotik diente dagegen die Menagerie, die Tiere aus aller Welt beherbergte. Kurz nach 1730 ist sie in Moritzburg an einen alten Teil des »Moßebruchs«, den heutigen Schwanenteich, verlegt worden.

Ein Schwanengarten befand sich dort bereits. Dieser wiederum war für Zucht und Pflege der für den Schlossteich bestimmten Tiere zuständig. Anders als der Fasan war der als Symbol der Reinheit, der Reife und der Vollendung geltende Schwan nicht zur Jagd vorgesehen. Als Königsvogel schwamm er mit stolz gebogenem Hals über das Gewässer um die neue »Königsburg«.

Eine Anspielung auf eine andere, dem weißen Vogel nachgesagte Eigenschaft findet sich auf einem Gemälde[35] im einstigen Speisesaal des Fasanenschlösschens. In einem kleinen abgezäunten Wasserareal neben einer künstlichen, bastionsartig befestigten Insel schwimmen dort zwei Schwäne als Symbol für eine ideale, weil lebenslang anhaltende Liebesbeziehung. Ganz konkret handelt es sich um die zwischen dem jungen Kurfürsten Friedrich August III. (1750–1827) und Maria Amalie Auguste von Pfalz-Zweibrücken (1752–1828), die er im Jahr seiner Thronbesteigung 1768 geheiratet hatte. Das gleichfalls von Schwänen gebildete große A vor der Insel weist auf beider Namen, obwohl es der Namenstag Augusts war, der hier am 3. August 1769 auf dem Bärnsdorfer Großteich mit viel Aufwand gefeiert wurde, der Bezeichnung des Ortes entsprechend unter anderem mit einer Bärenjagd.

Die Insel, auf der sich die junge Fürstin im Bild in großer Gesellschaft befindet, hat sie später als Eremitage genutzt und eigens eine Wasserleitung vom Fasanenschlösschen herüberlegen lassen, um dort in dem kleinen, strohgedeckten Häuschen in ihrer kupfernen Wanne ein Bad nehmen zu können.

Moritzburg, Fasanenschlösschen

Das Fasanenschlösschen auf dem Bild oben links stellt noch dasjenige dar, welches Johann Christoph Knöffel 1739 für den rasch verfallenden Ursprungsbau errichtet hatte. Dreißig Jahre später genügte auch dieser den sich wandelnden Bedürfnissen nicht mehr. Dem Zug der Zeit folgend, der das Rousseausche »Zurück zur Natur« ganz wörtlich nahm, wünschte das fürstliche Paar ein zeitweilig nutzbares Refugium abseits des offiziellen Hofes.

Kaum war die Festmusik zur Hochzeit verklungen und das letzte Glas Champagner geleert, ließ man den alten Bau abbrechen und auf seinen Grundmauern einen neuen aufführen. Auf einer Grundfläche von nur 13,4 Metern im Quadrat brachte der Architekt Johann Daniel Schade (1730–1798) in zwei Geschossen alle Räume unter, welche die intime fürstliche Gesellschaft benötigte. Waren das im Erdgeschoss Empfangs-, Wohn-, Schlaf-, Arbeits- und Toilettenzimmer des Herrscherpaares, so im Obergeschoss der allgemeine Speisesaal und drei Gästezimmer. Die Dienerschaft hauste unter dem Dach.

In dem seit 2007 als »Interieurmuseum der sächsischen Hofkultur des späten 18. Jahrhunderts« genutzten »Palais im Fasanengarten« hat der in Nowgorod geborene Schade mit viel Gefühl dem späten sächsischen Rokoko die Türen in den aufkommenden Klassizismus geöffnet. Viel von der originalen Substanz blieb erhalten oder konnte zurückgewonnen werden. Durch die sparsame Ornamentierung und das selbstverständliche Nebeneinander von Formmotiven des Rokoko wie des Klassizismus vermeint man schon im Inneren jene strenge, frische Sachlichkeit zu spüren, die den eben heraufkommenden Kunststil charakterisiert. Außen verzichtete Schade fast gänzlich auf plastischen Schmuck. Mit den türhohen Fenstern, welche in beiden Etagen in die einfache, in den Rokokofarben Rosé und Apfelgrün gehaltene Lisenenarchitektur der Fassade eingefügt sind, öffnet sich das kleine »Jagdpalais« heiter und impulsiv in die umgebende Landschaft.

Gesteigert wird dieser Eindruck durch die Wellenform der Dachkante, die hochovalen Fenster im Dach und das obenauf sitzende Belvedere, denn mehr noch als das Gesehenwerden rückte das aktive Sehen in dieser Zeit in den Vordergrund. Dass dies mit einer gehörigen Portion Sinnlichkeit und spielerischem Vergnügen verbunden war, beweist die bei Wind mit dem Kopf nickende Figur eines Mandarin auf dem Dach des kleinen Pavillons in der Mitte des fürstlichen Ausgucks. Freilich ist man versucht, das weise Nicken des Chinesen unter seinem Ehrenschirm zugleich als sarkastischen Kommentar auf die Hirsche zu verstehen, die an allen vier Ecken zu Füßen des auf einem künstlichen Felsen postierten »Jagdpalais« gerade dabei sind, ihr Leben auszuhauchen.

Die Parforcejagd war die einzige der exzessiven Leidenschaften, die der als nüchtern, volksfremd und öffentlichkeitsscheu charakterisierte Kurfürst Friedrich August III. von seinen Altvorderen geerbt zu haben schien. Bei dieser in Deutschland seit 1936 verbotenen Reitjagd hetzte man Hochwild mit Hilfe einer Hundemeute so lange, bis es sich, völlig erschöpft, von selbst stellte. Erst nach dem nun folgenden Halali wurde das Tier von einem der Jäger schließlich mit dem Hirschfänger getötet.

Um ausreichend Wild zur Verfügung zu haben, hielt man schon in unmittelbarer Nähe der Fasanerie unter anderen über 20 der seltenen weißen Hirsche. Zur eigentlichen Jagd ließ der Kurfürst den bereits erwähnten, schon von seinem Großvater angelegten Tiergarten um den nahen Hellberg weiter ausbauen und 1770/71 von einer bis zweieinhalb Meter hohen Bruchsteinmauer beziehungsweise Wildzäunen umgeben.

Die Idee, selbst in diesem Wildgarten dem Zeitalter der Empfindsamkeit zu huldigen und ihn mit Grotten, kleinen Tempeln, Statuen und einer Pagode auszustatten, dürfte allerdings von Graf Marcolini (1739–1814) gekommen sein. Camillo Graf Marcolini war Leibpage des Kurprinzen gewesen und mit dessen Machtantritt zu seinem Oberkämmerer avanciert, der für die »Besorgung der privaten Liebhabereien, Wolthaten und Unterhaltungen«[36] des Fürsten verantwortlich zeichnete. Unter der Regierung seines fürstlichen Jugendgespielen stieg er bis zum Kabinettsminister auf und war sowohl Generaldirektor der Kunstakademie als auch der Meißner Porzellanmanufaktur. Ein Bild im sogenannten Türkischen Cabinet des Fasanenschlösschens bietet ein Porträt des Höflings, wie er sich offenbar selbst gern gesehen hätte: im Handelsgespräch mit zwei Türken an südländischen Gestaden, während im Hintergrund ein sächsisches Schiff seine Ladung löscht. Immerhin erreichte der Export sächsischen Porzellans in die Türkei um 1790 seinen Höhepunkt, was im Wesentlichen als Verdienst Marcolinis gilt.

Diese friedliche Szene steht indessen im scharfen Kontrast zur Wirklichkeit. Die wurde seit 1770 unter anderem vom russisch-türkischen Krieg bestimmt, in dem der sächsische Kurfürst auf strengste Neutralität achtete, obwohl oder gerade weil der türkische Sultan gern einen Sachsen auf dem Thron jenes polnischen Königreichs gesehen hätte, dem nur noch eine Galgenfrist blieb. Drei »Polnische Teilungen« tilgten es ab 1795 für reichlich hundert Jahre gänzlich von der politischen Landkarte. Auch hier war neben Preußen und Österreich vor allem Russland der große Gewinner.

Die Schlacht bei Tschesme, in der am 24. Juni 1770 fast die gesamte türkische Kriegsflotte von den Russen zerstört worden war, hatte Europa wie ein Donnerschlag erschüttert. Die Zarin kürte ihren Günstling Alexej Orlov zum eigentlichen Helden des Sieges, denn nach ihrem Gatten war der nun dabei, ihr auch noch die Türken vom Hals zu schaffen und Russland den Zugang zum Schwarzen Meer zu sichern.

Für die medienwirksame Inszenierung seines Sieges scheute Orlov kein Opfer. Um Jakob Philipp Hackert (1737–1807), der im Auftrag der Zarin einige Gemälde anfertigen sollte, ein realistisches Bild von einer Seeschlacht zu vermitteln, ließ Orlov nachträglich eine seiner Fregatten vor Livorno in die Luft sprengen. Die künstlerischen Resultate sorgten tatsächlich für Furore und man kann sich vorstellen, wie ein solcher Mann in Gesell-

Johann Christoph Malcke, »Vogelschau des Bereiches am Großteich mit der Fasanerie und den ›Dardanellen‹«, Ölgemälde, um 1775 (Kriegsverlust)

schaft auftrat und wie er wirkte. Am 3. August 1775 saß Graf Orlov als Gast an der Festtafel zum Namenstag der Kurfürstin Amalie Auguste in Bad Lauchstädt, um anschließend auch in Dresden vom Kurfürsten empfangen zu werden.

Da es sich bei den sogenannten »Dardanellen«, die Marcolini neben dem Miniaturhafen mit Mole und dem Leuchtturm um die Mitte der 70er-Jahre am Bärnsdorfer Großteich errichten ließ, mit Sicherheit »um symbolische Miniaturnachbildungen der [...] Dardanellenschlösser am Bosporus handelt«[37], geht man heute davon aus, dass die gern als »maritime Spielereien« abgewerteten Anlagen tatsächlich von der erwähnten Schlacht bei Tschesme angeregt worden sind. Dazu gehörte selbstverständlich auch ein »Kriegsschiff«. »Letzte Woche«, so schrieb die Kurfürstin im September 1776 an ihre Schwiegermutter, »haben wir ein Fest in Moritzburg gefeiert, das sehr gut gelungen ist. [...] Unser Admiral ›le Cantino‹ hat uns ein Boot gebaut, mit Kanonen geschmückt und auf diesem Boot, eine Mischung aus Galeere und Bucintoro, konnten wir auf dem großen See umherfahren. Es war das schönste Wetter der Welt« und »unser General der Marine wurde der Held des Festes.«[38]

Wer in den »Seeschlachten« auf dem Bärnsdorfer Teich gegen wen kämpfte und siegte, muss offen bleiben, desgleichen, ob man tatsächlich nur spielte, von einem »sächsischen Meer« träumte oder von einem Sachsen, das am Meer lag – was ja wegen des zerfallenden polnischen Throns zumindest als vage Möglichkeit in den Sternen gestanden hatte. Spaß scheinen Marcolini und seine Herrschaften auf jeden Fall gefunden zu haben, denn 1790 lief ein weiteres »Seeschiff« vom Stapel.

Spätestens nach den napoleonischen Kriegen dürften derartige Träume aber – sollte es sie je gegeben haben – demontiert worden sein wie diese letzte Fregatte. Fortan dienten nur noch einige Gondeln zur Fahrt auf dem Teich, der vor dem Ersten Weltkrieg durch einen Damm in zwei Teile geteilt wurde. Da man das Niveau im unteren Teil absenkte, können sich die Reste der zirka 400 Meter langen Dardanellenmauer heute nicht mehr im Wasser spiegeln. Auch die durch die Mauer »geschützte« Einfahrt in den Kanal, auf dem kleinere Schiffe bis in das Becken westlich des Fasanenschlösschens gelangen konnten, ist dadurch nicht mehr möglich.

Das letzte Stück dieses Kanals deckt sich mit der anfangs erwähnten Sichtachse, die das Jagdschloss mit dem Fasanenschlösschen verbindet. Der ursprüngliche Plan August des Starken, mit diesem Kanal Schloss- und Großteich zu verbinden, scheiterte an den differierenden Höhen beider Wasserflächen. Erhöht über dem abschließenden Kanalbecken liegt eine Brunnenanlage, die den fiktiven Quellort für die Bewässerung des Kanals darstellt. In Gestalt Ledas mit dem Schwan, die in der Mitte des Brunnens auf einem künstlichen Felsen ihr Liebesspiel treiben, paart sich Menschliches mit Göttlichem, wie im Garten überhaupt, und gerade hier draußen am Großteich. Der Bildhauer des 1777 realisierten Brunnens ist der Berliner Carl Friedrich Schäfer gewesen, der im Jahr 1782 in Rom starb. Auch die Skulpturen der sterbenden Hirsche und des etwas koketten, sein tödliches Schicksal nicht einmal ahnenden Meleager in der Nähe des Schlösschens stammen von seiner Hand.

Obschon die Fasanerie noch bis 1916 betrieben worden ist, muss die Gegend bald so abseitig und geradezu paradiesisch zivilisationsfern gewirkt haben, dass im Sommer 1910 drei junge Künstler – Ernst-Ludwig Kirchner (1880–1938), Erich Heckel (1883–1970) und Max Pechstein (1881–1955) – gemeinsam mit ein paar Mädchen und »mit Taschen voller Fressalien und Getränke« an die Moritzburger Teiche zogen, um hier in »absoluter Harmonie«[39] mit sich und der Natur zu leben und zu arbeiten. Mit dem in der freien Natur agierenden nackten Menschen, den sie wirklich und sinnbildlich von den Kleidern befreiten, die bekanntlich Leute machen, haben die Künstler der »Brücke« Moritzburg abermals in die Register der Kunstgeschichte eingeschrieben, auf sehr andere Art als die sächsischen Kurfürsten, aber vielleicht doch mit einer verwandten Sehnsucht.

Moritzburg, Leuchtturm und Fasanenschlösschen

Die Zeit entführt die Schönheit – Der Große Garten

Es existiert ein Foto vom November 1948, das immer wieder abgebildet wird, wenn es um die neuere Geschichte des Großen Gartens geht. Im Vordergrund befindet sich eine Fläche frisch umgegrabener Erde, dahinter liegen Beete, die offenbar zum Gemüseanbau genutzt worden sind. »Kriegsgemüse-Anbau« hieß das, gerade so, als wollte man sich demnächst mit Mohrrüben erschlagen. Darüber erhebt sich der ausgebrannte Mauerkörper des Palais, seitlich einer der ebenfalls zerstörten Kavalierhäuser. Durch manche der Fenster ist der Himmel zu sehen.

Sarkastischer kann Wirklichkeit Kunst nicht kommentieren, die hier im Vordergrund in Gestalt einer sogenannten Raptusgruppe anwesend ist, welche den poetisch-philosophischen Titel »Die Zeit entführt die Schönheit« trägt. Durch ihren zentralen Standort vor dem lange Zeit ruinösen Palais ist sie zu so etwas wie einem Synonym für den Garten geworden.

Merkwürdig, dass sich unter den wenigen erhaltenen Skulpturen der Anlage noch vier Stücke finden, die gerade diesem thematischen Genre zuzuordnen sind, neben der Arbeit Pietro Balestras (um 1672–nach 1729) drei Stücke von Antonio Corradini (1668–1752). Außer den beiden Kentauren, die auf den Balustraden vor dem stadtseitigen Palaisparterre noch immer versuchen, Gewalt über die sich ihrer Entführung widersetzenden Frauen zu gewinnen, findet sich südlich des Palais in der Nähe des Carolaschlösschens eine weitere Allegorie zum Thema und führt vor, wie die Zeit die Wahrheit enthüllt.

Gleichfalls aus der Werkstatt des vor allem auf dem Gebiet der Republik Venedig tätigen Bildhauers stammt die »Üppigkeitsvase« in einem Rasenrondell vor dem Scheitelpunkt des Palaisteiches, wiederum ein beliebtes Motiv des Barock: eine rücklings über den Vasenrand gespannte Frauengestalt, die ihre mit den Händen angehobenen Brüste dem Betrachter darzubieten scheint. 1750 noch für das preußische Sanssouci adaptiert, ist das Vorbild 1836 fast der Dresdner Prüderie zum Opfer gefallen.[40]

In diesem Jahr versteigerte man »die noch immer stattlichen Überreste« des zuvor in zwei Kriegen dezimierten Skulpturenbestandes und vollendete durch »Unverständnis und Gleichgültigkeit, was mit Kriegszerstörungen« begonnen hatte.[41] Allein 161 Skulpturen, Skulpturengruppen, Büsten und Vasen waren auf Initiative Augusts des Starken aus Paris, Rom und Venedig vor allem für den Garten des auf der Neustädter Seite vis-à-vis des Zwingers erbauten Japanischen Palais zusammengekauft worden. Als dessen Umgestaltung zum

Porzellanschloss begann, kamen sie 1728 in den Großen Garten und wurden hier insbesondere in der Hauptallee und den das Palais umgebenden Parterres aufgestellt. Doch muss auch der Altbestand schon beträchtlich gewesen sein, wie Pläne und Darstellungen vor dieser Zeit belegen.

Zur künstlerischen Grundausstattung gehörten jedenfalls die beiden Gruppen Venus und Adonis sowie Meleager und Atalante aus der Werkstatt von Jeremias (1653–1690) und Conrad Max Süßner (1650–nach 1696), die noch heute auf den Pylonen der Hauptallee an der Karcherallee stehen. Ihnen gegenüber waren am stadtseitigen Anfang dieser Allee, der heute von zwei Reliefvasen gerahmt wird, Vertumnus und Pomona sowie Crocus und Smilax postiert. Diese vier Paare verkörperten auf Götterebene die ganze Spannweite möglicher Beziehungen zwischen Harmonie und Tragödie.

Gleichfalls zur ursprünglichen Ausstattung könnten die »Laboris Herculis« gezählt haben, die heute ohne inhaltlichen Bezug an den Enden der nach ihnen benannten Allee postiert sind. Vieles spricht für die These, dass diese martialisch wirkenden, vielfach überarbeiteten Figuren aus der Werkstatt Balthasar Permosers eng mit dem Herrscherkult verbunden gewesen sind, wie er sich am und im Palais um den Türkensieger Johann Georg III. entfaltete. Man nannte ihn gemeinhin auch den »Sächsischen Mars«.[42]

Doch auch sein Nachfolger August der Starke identifizierte sich gern mit dem antiken Heroen. Eine Quelle von 1719 berichtet von insgesamt 12 Skulpturen zum Thema, doch sind daran ebenso Zweifel angebracht wie an den über 1 000 Bildwerken, die es nach anderen Berichten im Großen Garten gegeben haben soll. Auf einer lavierten Federzeichnung von Carl Heinrich Jacob Fehling (1683–1753), die das Damenringrennen im Hauptparterre während des Venusfestes am 23. September 1719 wiedergibt, lassen sich auf der Balustrade vor dem Palaisparterre zumindest zwei der Herkules-Skulpturen ausmachen, der »Ruhende Herkules« und »Herkules besiegt Busiris«.

Auch die Figur, die auf dem Foto des Jahres 1948 links neben dem Portal des Palais zu sehen ist, stammt aus dem erwähnten Großimport an Bildhauerarbeiten durch August den Starken. Es ist eine der beiden Antikenkopien von Pierre de l'Estache (um 1688–1774), die 1828 ihren Platz an den stadtseitigen Palaistreppen erhalten hatten. Seit Juli 2004 eröffnen sie die Ausstellung sächsischer Barockskulptur im Palais.

Auch bei der um 1725 nach einem antiken Original geschaffenen Skulptur, die da marmorweiß vor dem geschwärzten Elbsandstein steht, handelt es sich um Herkules. Er trägt seinen unbekümmert mit Äpfeln spielenden Sohn Telephos, den späteren König von Mysien, auf seinem linken Arm. Über der Schulter des Helden, der seine baseballschlägerartige Keule für diesen Augenblick neben sich auf dem Boden ruhen lässt, hängt das Fell des als unverwundbar geltenden Löwen von Nemea. Herkules erwürgte ihn. So jedenfalls steht er heute wieder im Palais vor uns. Die Bruchstellen jedoch, an denen im Frühjahr 1945

Blick vom Palais im Großen Garten auf das Blumenparterre und einen Pavillon, im Vordergrund die Skulptur des Herkules mit Telephos (Foto: Walter Möbius, 1937)

Ruine des Palais im Großen Garten, Großer Saal im Obergeschoss
(Foto: Walter Hahn, um 1946)

der Unterarm samt Keule ebenso vom Körper brachen wie der Kopf des Herkules und der seines Sohnes, diese Bruchstellen sind sichtbar geblieben, ebenso sichtbar wie im Park draußen die Brüche, die eine über 300-jährige Geschichte wechselnder künstlerischer Intentionen, mehr oder weniger rücksichtsvoller Eingriffe und Nutzungen, brachialer Zerstörungen ebenso wie aufwändiger Restaurierungen hinterlassen haben. Doch wird das zuweilen irritierend disparate Bild, das im Garten durch das unvermittelte Nebeneinander der Hinterlassenschaften verschiedener Epochen entstanden ist, zunehmend auch als Qualität begriffen und wiederum sehr zeitgemäß als »Musterbeispiel einer Kultur des Vielschichtigen«. Eine »didaktisch-pädagogische Herausforderung« ist es allemal.[43]

Ein »sperriger Gegenstand«[44]. Zwischen Herrschergarten und Volkspark

Der Wille respektive Druck zu künstlerischer Neugestaltung oder bloßer Übernutzung war im Falle des Großen Gartens nie so mächtig, dass er die Kraft der alten Anlage hat brechen können oder wollen. Anderenorts räumte man im Zuge der sogenannten Gartenrevolution die barocken Anlagen ab, um für den neuen Landschaftsgarten nach englischem Vorbild Platz zu machen. In Dresden ist der ambivalente Respekt vor der gewaltigen herrschaftlichen Geste, die in diesem Park Gestalt geworden ist, immer lebendig geblieben. In zwei struktursetzenden Elementen wird der Garten der Gegenwart noch immer von der ersten, ursprünglichen Anlage geprägt. Es sind dies das Kreuz aus Haupt- und Querallee und das auf dem Schnittpunkt dieses Kreuzes, also im Zentrum des Ganzen, positionierte Palais.

Schon 1676 war im Auftrag des Kurprinzen Johann Georg mit dem Ankauf des außerhalb der Stadt gelegenen Geländes begonnen worden. Der Hofgärtner Martin Göttler fing dort an, einen Garten zu bauen, dessen in sich ruhende Geometrie noch ganz dem 16. Jahrhundert verhaftet war. Das von einem achtstrahligen Wegestern erschlossene Quadrat erinnerte an den Grundriss eines Kastells, dessen inneres, mit Eckbastionen ausgestattetes Mauerquadrat hier durch einen Kanal gebildet wurde, der den inneren Lust- und Pflanzen- vom äußeren Tiergarten sonderte. Entlang der östlichen Stübelallee sowie zwischen Neuteich und Carolasee haben sich zwei Partien dieses Kanals erhalten. Andere Teile sind in den Seen und einigen Wasserflächen des Zoos aufgegangen.

Vermutlich war es das Ungenügen an dieser wenig spektakulären, den eigenen Vorstellungen hinterherhinkenden Kreation, weswegen Johann Georg III. schon ein Jahr nach dem Beginn des Palaisbaus im Jahr 1678 mehrere Gutachten für die künftige Gestaltung des

Gartens in Auftrag gab. Noch bevor diese im Frühjahr 1683 durch eine Kommission bewertet wurden, hatte der Kurfürst sich bereits entschieden. Im Januar beorderte er den offenbar bis dahin in Norddeutschland tätigen Johann Friedrich Karcher (1650–1726) nach Dresden. Dass er ausdrücklich angewiesen war, in Hannover Station zu machen, um sich den dortigen Garten in Herrenhausen anzusehen, zeigt die Richtung an, in welche die Überlegungen des sächsischen Kurfürsten gingen. Ein Jahr zuvor hatte dort die couragierte Sophie von Hannover (1630–1714) Martin Charbonnier (um 1655–1720) als Gärtner verpflichtet. Charbonnier war ein Schüler von André Le Nôtre (1613–1700) gewesen, der als führender Gartenarchitekt des Sonnenkönigs Ludwig XIV. und Schöpfer des Schlossparks von Versailles zum einflussreichsten Gartengestalter Europas geworden war. Auch Karcher, so wird vermutet, könnte bei dem französischen Meister in die Lehre gegangen sein.[45]

Jedenfalls war die empfohlene Annahme des mit einem Plan verbundenen Gutachtens von Johann Friedrich Karcher für diesen der Beginn seiner Karriere am Dresdner Hof. Zunächst auf den eigens für ihn geschaffenen Posten eines Obergärtners berufen, avancierte er 1699 zum Zweiten, schließlich zum Ersten kursächsisch-polnischen Oberlandbaumeister und war in dieser Eigenschaft Lehrer von Matthäus Daniel Pöppelmann, der ihn in seiner Stellung beerbte. Die Planung und Gestaltung des Großen Gartens beschäftigte ihn im Grunde während seiner ganzen Amtszeit. Nach mehreren Neu- beziehungsweise Umplanungen konnte die Anlage erst 1719 zum ersten Mal als weitgehend vollendet gelten. Schon drei Jahre darauf musste Karcher sein Amt wegen eines Augenleidens aufgeben.

Dass Johann Georg IV. (1668–1694) die für den Garten überplante Fläche im Jahr 1692 um über die Hälfte reduzieren ließ, könnte als Beleg dafür gelten, dass Karcher bis zu diesem Zeitpunkt noch nicht viel von seinen Plänen realisiert hatte. Denkbar wäre diese Reduktion aber auch als Konsequenz eines bereits modifizierten Projektes. Jedenfalls verband sich damit eine fast gänzliche Neuplanung und der Durchbruch zu einer nun tatsächlich modernen Anlage nach französischem Vorbild. Auf diese Weise fand sie, wie Marie Luise Gotheim schrieb, in der »Nachahmung den Weg zu origineller Bedeutung«.[46]

Von den anfänglichen Vorstellungen Karchers überdauerte nur die Idee eines kreuzförmigen Schlossparterres. Aber auch dieses hatte sich in die neue, den Garten bis heute charakterisierende Grundform des Rechtecks einzupassen. Aus dem behäbigen, in sich ruhenden Quadrat bildete Karcher nun eine langgestreckte Anlage, deren drei mächtige, parallel verlaufende Alleen im Grunde gleich einer Straße aus dem Machtzentrum der Residenz in die Landschaft zu laufen schienen. So jedenfalls ist der Große Garten aus der Vogelperspektive immer wieder dargestellt worden. Im Inneren des Gartens wurde diese Größe suggeriert, indem man die nächste, meist künstlerisch ungestaltete, landwirtschaftlich geprägte Umgebung durch Hecken- oder Alleepflanzungen möglichst ausblendete.

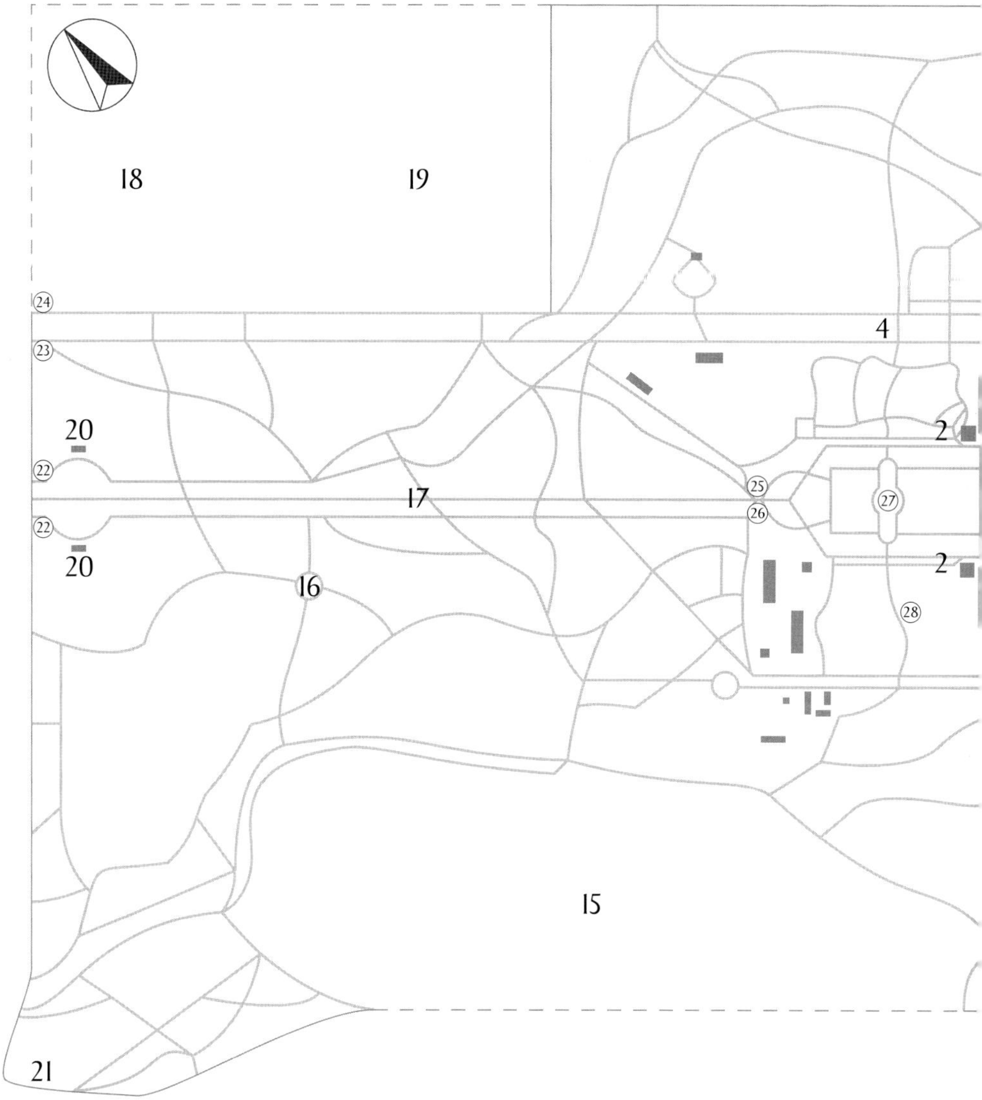

1	Palais	9	Pikardie	17	Hauptallee
2	Kavalierhäuser	10	Freilichtbühne	18	Gläserne Manufaktur
3	Palaisteich	11	Südallee	19	Botanischer Garten
4	Herkulesallee	12	Carolasee	20	Torhäuser
5	Fürstenallee	13	Carolaschlösschen	21	Bürgerwiese
6	Neuteich	14	Querallee	22–39	Skulpturen
7	Drachenwiese	15	Zoologischer Garten		
8	Kanal	16	Mosaikbrunnen		

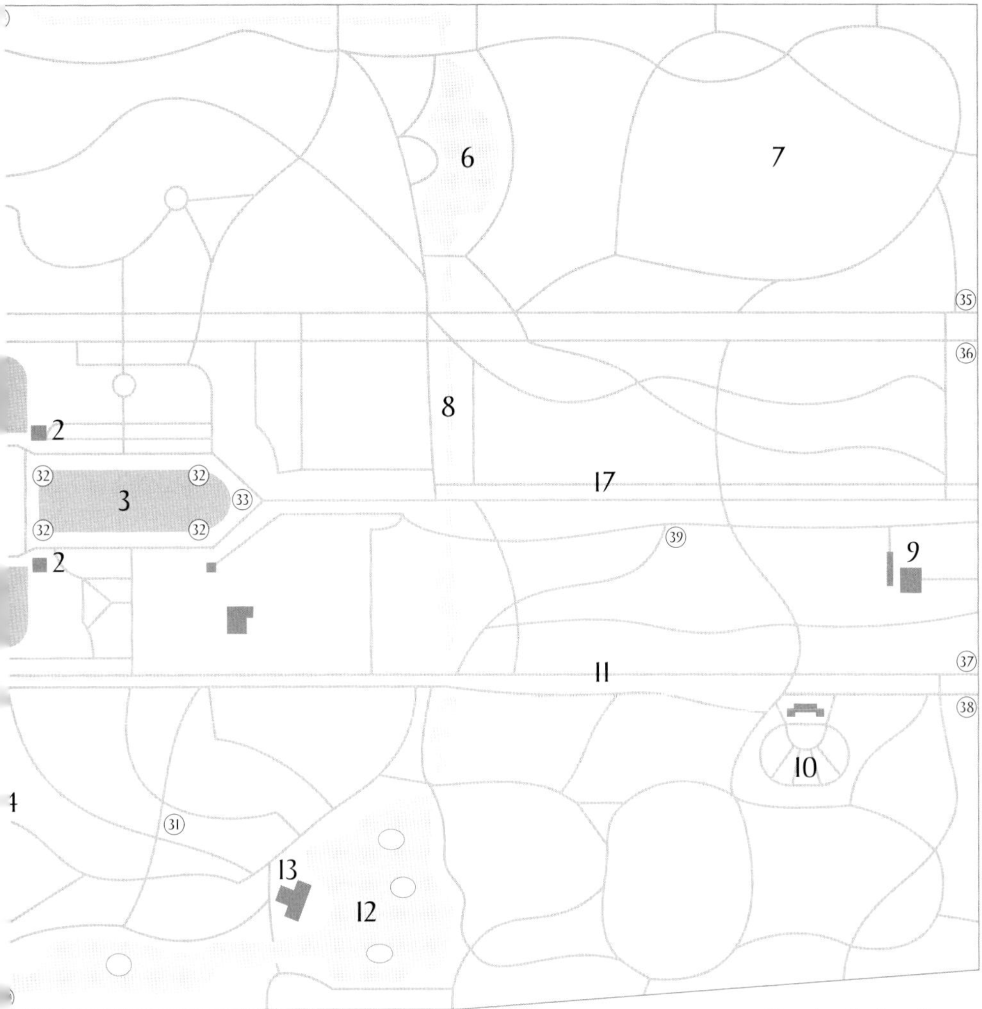

Plan des Großen Gartens

22 Reliefvasen
23 Ruhender Herkules
24 Herkules im Kampf mit der lernäischen Schlange
25/26 Kentaur, eine Frau entführend
27 Die Zeit entführt die Schönheit
28 Quellnymphe
29/30 Löwen
31 Die Zeit enthüllt die Wahrheit
32 Reliefvasen
33 »Üppigkeitsvase«
34 Reliefvasen
35 Herkules im Kampf mit dem hesperischen Drachen
36 Herkules besiegt Busiris
37 Venus und Adonis
38 Meleager und Atalante
39 Milon von Croton

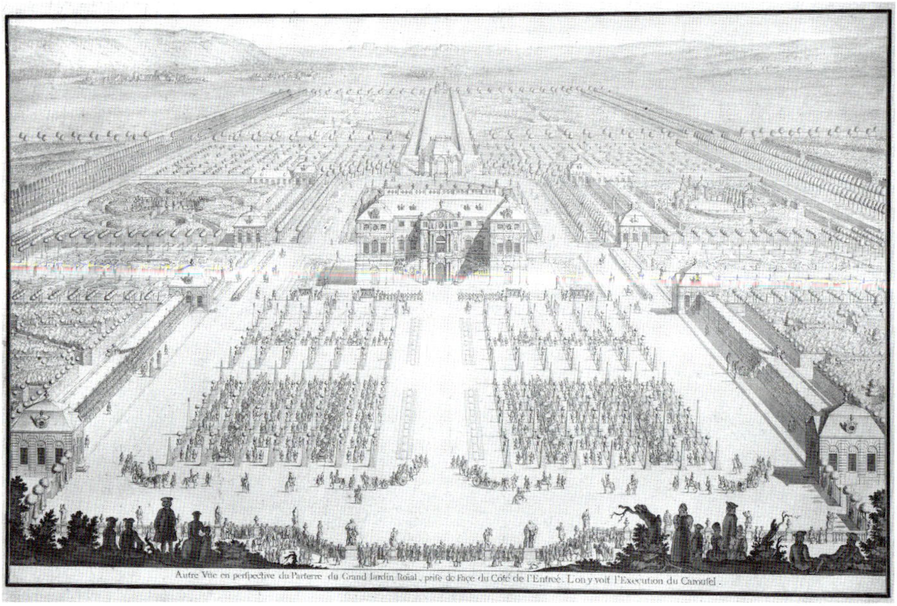

Großer Garten, Damenringrennen auf dem Hauptparterre während des Venusfestes, 1719

Nach wie vor aber gingen Planung und Realisierung ein ungleiches, durch Neuerungswünsche zusätzlich gestörtes Schrittmaß. Angeregt wohl durch das später in der Revolution untergegangene Marly le Roi Ludwigs XIV., waren schon 1693/94 die acht Kavalierhäuser seitlich der Mittelparterres nach dem Entwurf Karchers erbaut worden. Fünf davon existieren heute noch, allerdings in veränderter, dem 19. Jahrhundert geschuldeter Form. Eine Gouache, welche die »Bauernwirtschaft im Großen Garten« abbildet, die dort am 25. Juni 1709 anlässlich des Besuches des dänischen Königs Friedrich IV. (1671–1730) gefeiert wurde, zeigt dann aber immer noch eine in großen Partien unfertige Anlage. Lediglich die stadtseitigen Parterres und Bosketts scheinen vollendet gewesen zu sein.

Möglich, dass gerade der Besuch des verbündeten Vetters oder die bald darauf folgende Wiedergewinnung des polnischen Thrones für Sachsen eine erneute Umplanung inspirierte. Heute zeugen davon der Palaisteich und der Erdkörper des einst durch Rankgerüste- und Rankgitter, sogenannte Treillagen, gegliederten Gartentheaters. Karcher richtete es im Boskett zwischen Palaisteich und Südallee ein, indessen er im gegenüberliegenden Baumquartier an der Herkulesallee ein Labyrinth pflanzen ließ. Damit installierte er eine für den barocken Park typische Kontrapunktik zwischen dem regulierten Spiel des Theaters und dem unabänderlichen Schicksal, das die Realität für den Menschen bereithielt, versinnbildlicht in den nicht überschaubaren Gängen des Labyrinths.

Labyrinth und Theater markierten im Grunde die ideellen Pole des kunstvoll und detailreich durchgestalteten Festplatzes, welchen die inneren, insbesondere die direkt an das Palais grenzenden Parksegmente der verschiedenen Parterres und Bosketts nun bildeten. Dagegen entstanden in den großen rechteckigen Flächen an den Flanken der Querallee zwischen 1715 und 1718 Remisen für die Fasane, die bis dahin im Ostragehege gehalten worden waren. Den ganzen Garten inklusive der nach Verkleinerung der Anlage wieder in bäuerliche Nutzung gegebenen Eckflächen umgab man auf Wunsch des Königs schließlich bis 1722 mit einer über zwei Meter hohen Steinmauer.

Die weitgehende Vollendung des hochbarocken Gartens überschnitt sich mit den Vorbereitungen der Festlichkeiten zur Hochzeit des Kurprinzen Friedrich August (1696–1763) mit der Erzherzogin Maria Josepha von Österreich (1699–1757), welche Sachsen die lange gewünschte Verbindung mit dem habsburgischen Kaiserhaus bescherte. Einen Programmpunkt der einen ganzen Monat währenden Feiern bildete das bereits erwähnte Venusfest, welches am 23. September 1719 im Großen Garten stattfand.

Die sogenannte »Bauernwirtschaft«, die zehn Jahre zuvor über die »Bühne« des Großen Gartens gegangen war, hatte den eigenen Stand spielerisch für einige Stunden nach unten geöffnet und quasi internationalisiert. Der Kurprinz und seine Mutter hatten als »Wirtspaar« die in Bauernkleider verschiedener Nationen gesteckte Hofgesellschaft bewirtet und Wettspiele mit ihnen veranstaltet. Das Venusfest, in dessen Mittelpunkt die Braut und deren Verherrlichung zur Göttin standen, öffnete nun die Wirklichkeit nach oben, und zwar sowohl sinnbildlich als auch in der Realität, denn das Ganze endete mit einer prächtigen Illumination. Das von unzähligen Fackeln erleuchtete Parterre, in dem man eigens für diesen Tag einen Venustempel errichtet hatte, war durch das helle Band der Hauptallee mit der Residenz verbunden. Aber auch die Querallee zeigte sich illuminiert und durch eine Lichtachse verlängert, die bis auf den jenseitigen Elbhang reichte, wo ein großes Feuer den dunklen Himmel öffnete. In dieser Inszenierung lebte das Projekt einer Sichtachse wieder auf, das der König schon 1704 skizziert hatte, also gerade in dem Jahr, als auch der Gedanke einer Verbindung mit dem Haus Habsburg erstmals aufgetaucht war. Diese Sichtachse, deren Realisierung bald wieder aufgegeben wurde, sollte ihren Blickfang in einem Schloss finden, welches allerdings nicht einmal dem Larvenstadium einer Idee entwuchs.

Das Ausscheiden Johann Friedrich Karchers aus seinem Amt im Jahr 1722 bedeutete zugleich den Abschluss der barocken Gestaltungen des Großen Gartens. Die sechs Jahre später aus dem Garten des Japanischen Palais eingefügten Skulpturen besaßen ebenso wenig eine Verbindung zum ursprünglichen Konzept wie die Ende der 20er-Jahre in Italien erworbene Antikensammlung des Königs. Sie fand 1730 eine provisorische Aufstellung in dem als Festbau konzipierten Palais, da man die Errichtung des für die Kollektion entworfenen Museums am Zwinger zunächst nicht weiter zu verfolgen vermochte. 1747, als der Große Garten nochmals eine Prinzenhochzeit erlebte, wanderten große Teile der Sammlung schon wieder an einen anderen Ort.

Die Feierlichkeiten anlässlich der Vermählung von Maria Antonia Walpurgis von Bayern (1724–1780) mit dem Kurprinzen Friedrich Christian von Sachsen (1722–1763) stellten einen letzten Höhepunkt im Festkalender des barocken Gartens dar. Nach 1719 hatte sich hier der Karneval zu einer besonderen Spezialität entwickelt. Verbunden mit Märkten und den Damen-Ringrennen, das in dieser Jahreszeit mit dem Schlitten absolviert wurde, sowie ergänzt durch Fasanenjagden ist der Karneval noch bis in die 1750er-Jahre hinein gefeiert worden. Danach prägten zunächst Zerstörungen die Geschichte des Großen Gartens, zeittypische Tendenzen der Vernachlässigung und der Auflösung beziehungsweise der Umgestaltung, schließlich Rekonstruktionen des historisch Überkommenen.

Nach den Verlusten des Kriegsjahres 1760 entschied man sich immerhin noch dafür, die Anlage durch Neupflanzungen wesentlicher Elemente zumindest in ihrer gärtnerischen Grundstruktur zu erhalten. Infolge der Verwüstungen durch die Befreiungskriege jedoch gewannen Pläne zur Umnutzung und landschaftlichen Umgestaltung die Oberhand, zumal das Verständnis für das barocke Erbe zunehmend schwand. »Wer die Wildnis liebt [...] oder gern in Alleen sich langweilt, findet hier Unterhaltung.« So hatte der Publizist Friedrich Christian August Hasse (1773–1848) schon 1801 lapidar notiert. »Einförmige Hecken verschliessen ein Fasanen-Gehege, in das der Eingang nicht gestattet wird. Einsamer und anziehender sind die Seitengänge und die hohen Linden. In dem verschlossenen Gehölze liegen die Ruinen des Amphitheaters, wo Brühl einst Schauspiele geben liess. Das Geheime des Ortes und einige Spuren des entflohenen Glanzes machen keinen unangenehmen Eindruck. Die Hauptallee führt zu dem unbenutzten Palais, durch dessen Fenster die Sonne durchblickt; ein schöner Fernpunkt für Fahrende und Reiter.«[47]

Auch der Hof hatte das Interesse am Großen Garten sowie seiner bisherigen Gestalt und Funktion weitgehend verloren. Hinzu kam die nicht zuletzt durch das sächsische Lavieren zwischen den Bündnissen hervorgerufene instabile politische Situation. Es nutzte wenig, dass sich der sächsische Kurfürst seit 1806 durch Napoleons Gnade König und sein Reich ein Königreich nennen durfte.

Nur wenige Monate dauerte es nach den Zerstörungen, die der Garten im Zusammenhang mit der Schlacht bei Dresden im Sommer 1813 erlitten hatte, bis die »Wiederherstellung und verbesserte Einrichtung des großen Gartens«, welche »das Vergnügen des Publicums zum vorzüglichsten Zweck«[48] haben sollte, eine beschlossene Sache war.

Konkret bedeutete das unter anderem die Auflassung der Fasanerie, den Abbruch der äußeren Mauer und den Beginn einer Auflockerung beziehungsweise Überlagerung der barocken Anlage mit Elementen des Landschaftsgartens nach englischem Vorbild, also die Verwandlung der geometrisch gestalteten Waldquartiere in ideale naturnahe Landschaftsbilder, die auf ebenso natürlich erscheinenden Wegen zu durchwandern, zu durchreiten oder zu durchfahren und von diesen aus zu erleben waren. Da jedoch diese Umgestaltungen immer mit einer weitgehenden Respektierung, ja zum Teil sogar mit einer Rekonstruktion der barocken Achsenstrukturen einhergingen, musste die Wirkung der an den barocken Geometrien gleichsam gebrochenen Landschaftsfragmente notgedrungen klein und ohne Kraft bleiben.

Für dieses gestalterische Dilemma fand erst Friedrich Bouché (1850–1933) zeitgemäße und überzeugende Lösungen. Als er, gerade 22-jährig, 1873 in Dresden seinen Dienst antrat, begann er zunächst an der Umgebung des Palais und an den im Südwesten gelegenen Kaitzbachwiesen zu arbeiten.

Jenseits des Baches war dort seit 1861 der Zoologische Garten entstanden und hatte das barocke Ensemble nicht nur um einen Teil seiner Fläche gebracht, sondern ihm damit auch eine amorphe, mit dem Lauf des Flüsschens identische Grundstücksgrenze beschert. Da mit der beginnenden »Ära Bouché« auch die einst ausgeklinkten Eckflächen dem Garten wieder einverleibt werden sollten, stand in diesen Partien gartenkünstlerisch weitgehend unbelastetes Terrain zur Verfügung, zumal die Südallee dort schon liquidiert worden war. In der Südwestecke existierte überdies seit 1868 eine Verbindung zur Bürgerwiese, einem der bedeutendsten Landschaftsparks der Residenzstadt. Und da sowohl der Zoo

Bürgerwiese

als auch die Bürgerwiese die künstlerische Handschrift eines herausragenden Gartenarchitekten des 19. Jahrhunderts, Peter Joseph Lenné (1789–1866), trugen, gab es an diesen Stellen für den jungen Bouché eine ganz unmittelbare, womöglich sehr inspirierende, ermutigende Berührung.

Der mächtige Naturraum, den Bouché mit den sich um den Bachlauf biegenden Kaitzbachwiesen schuf, ist noch heute erfahrbar, wenn auch gestört durch den nahen Verkehr auf der Lennéstraße und die seit 1950 die Wiese querende Parkeisenbahn.

Schon 1926 errichtete man den sogenannten Mosaikbrunnen an der Stelle eines ehemaligen Spielplatzes. Exotisch durch die heftige, expressionistisch gestimmte Farbigkeit, befremdlich durch das Konkrete und Strenge der sich steigernden Kelchformen, taucht er gleich einem Zauberbrunnen aus dem monochromen Grün eines Gartens auf, der im Grunde allein von der Erde, dem Wasser und den Pflanzen lebt, aus denen er gestaltet worden ist und durch deren Pflege er weiterhin permanent gestaltet wird. Er lebt aus dem Wechsel des Lichtes und des Wetters, dem Gang der Jahreszeiten, den Lebenszyklen der Pflanzen, aus denen er besteht, und schließlich auch aus den Menschen, die ihn durchqueren und für eine Zeit Teil seiner idealisierten Natur werden. Auf dieser künstlerisch-geistigen Ebene ist der Brunnen, der das Aufblühen und Verfließen, das Nehmen und Geben versinnbildlicht, eine dem spätklassizistischen Gartenraum verwandte Schöpfung.

Ähnlich großzügig und als diagonales Pendant zu den Kaitzbachwiesen gestaltete Friedrich Bouché ab 1890 die Grunaer Anlagen mit der Drachenwiese und dem Neuteich, auf dessen anderer Uferseite das alte barocke Waldquartier mit seinem Wegestern nur partiell aufgelöst wurde, was allerdings heute kaum noch wahrnehmbar ist.

Die West-Ost-Diagonale, die er da als Sichtachse aufhob, kehrte spiegelbildlich in dem Rechteck wieder, welches noch heute von Süd- und Querallee und den im dortigen Carolasee aufgegangenen Teilen des aus dem 17. Jahrhundert stammenden Kanals gebildet wird. Aus dem Zwickel der genannten Alleen wurde der Blick diagonal durch eine belassene Boskettschneise auf die aus dem Carolasee aufsteigende Fontäne geführt.

Den durch pittoresk geführte Uferlinien und mehrere Inseln charakterisierten Carolasee ließ Bouché in drei Etappen 1881/82, 1886 und 1895 ausgraben. Durch Pflanzungen schirmte er ihn sowohl vom umliegenden Garten als auch von der Stadt weitgehend ab, welche die alte Anlage in diesen Jahren zunehmend einzuschließen begann. Zusammen mit der märchenhaften Silhouette des 1895 erstmals erbauten Carolaschlösschens entstand ein Bild nüchtern-niedlicher Bürgerromantik, wie es für solche Ausflugsorte am Ausgang des 19. Jahrhunderts als typisch gelten darf.

Die erste Gestaltung der anschließenden Strehlener Anlagen, in welche Mitte der 1950er-Jahre die Freilichtbühne mit ihren neobarocken Bühnenbauten einfügt werden sollte, geht auf die Jahre 1875/76 zurück.

Bei der Gestaltung der äußeren Bereiche des Großen Gartens versuchte Friedrich Bouché sich möglichst frei im noch vorhandenen barocken Raster zu bewegen. Das betraf vor allem die bis dahin nicht einbezogenen Flächen in den Zwickeln des kreuzförmigen Gebildes. Dass er in den anderen Partien der historischen Substanz seine Reverenz erwies, indem er sie teilweise in seinem eigenen Entwurf aufhob, hat wohl vor allem damit zu tun, dass sich schon seit Mitte des 19. Jahrhunderts ein neues Bewusstsein für den Wert des barocken Erbes zu regen begann.

Schon längere Zeit vorher hatte sich eine gärtnerische Praxis entwickelt, an die auch Friedrich Bouché in den an das Palais grenzenden Parterres anknüpfte. Sie stellte eine Symbiose dar zwischen der strengen Geometrie des barocken Grundrisses und den ideal-natürlichen Pflanzenindividuen des Landschaftsgartens. Das bedeutete eine streng symmetrische Ordnung für Bäume, die zu Rasenflächen vereinfachte Parterres mit Blumenrabatten, Beeten oder einzelnen Bäumen respektive Sträuchern umstanden. Es war das Sinnbild einer freien, doch zugleich streng reglementierten Bürgergesellschaft, wie sie das aufkommende Industriezeitalter sich zu schaffen im Begriff stand.

Die 1813 vollzogene uneingeschränkte Öffnung des Gartens für das Publikum und seine spätere Übertragung in den Besitz der Allgemeinheit bedeutete eine Vervielfältigung der Ansprüche an das bald von einer Großstadt umzingelte Grün. Freilichtbühne, Parkeisenbahn und Zoologischer Garten sind bereits erwähnt worden. Neben gärtnerischen Wirtschaftsbetrieben wie Baumschulen besetzten auch Restaurationen schon früh das Gelände. Sportplätze kamen hinzu, zuletzt die »Gläserne Manufaktur«. Sie wurde in den 90er-Jahren des 20. Jahrhunderts im nordwestlichen Eck des Parks erbaut, auf dem ehemaligen Ausstellungsgelände.

Eine erste Ausstellung gärtnerischer Erzeugnisse fand im Großen Garten bereits 1828 statt, damals noch im Palais, dann die I. Internationale Gartenbauausstellung 1887 auf den Kaitzbachwiesen, der die II. 1896 schon im neu erbauten Städtischen Ausstellungspalast folgte. Er wurde aber ebenso bei den Bombardierungen des 13./14. Februar 1945 zerstört wie das 1914–1916 nach Entwürfen von Karl Hirschmann (1875–1935) und Hans Erlwein (1872–1914) errichtete Kunstausstellungsgebäude, welches sich gleichfalls auf dem heute von der VW-Manufaktur besetzten Areal befand. Anders als die anderen drei Eckflächen, die nach 1873 dem Barockgarten zuwuchsen, ist es ein Fremdling geblieben, der bis heute in den Gartenplänen weitgehend unberücksichtigt bleibt.

Wobei es gerade während des 19. und 20. Jahrhunderts Bemühungen gab, den Garten stärker mit der Stadt zu verbinden. Die Bürgerwiese ist bereits erwähnt worden. Die langgestreckte Anlage entstand in drei Etappen im Zeitraum von 1843 bis 1869 an dem auf Empfehlung Lennés umgeleiteten Kaitzbach. Sie reicht vom Großen Garten bis zum Georgplatz.

(Weiter auf Seite 113)

Farbtafeln

1

2

4

9

10

16

Erst im Nachhinein ist der malerisch gelegene Park mit den Denkmälern und Skulpturen angereichert worden, die ihn heute ein wenig wie ein romantisch gestimmtes bürgerliches Bilderbuch aus der Zeit um 1900 erscheinen lassen. Am spektakulärsten ist ohne Zweifel das Mozart-Denkmal. Mit seinem Entwurf gelang es seinerzeit dem jungen Berliner Bildhauer Hermann Hosäus (1875–1958), die ganze Crème der sächsischen Bildhauerei auszustechen. Vielleicht nicht ohne Ironie ließ er das unfassbare Genie Mozart auch unsichtbar. Konsequent blieb der von Allegorien der Heiterkeit, des Ernstes und der Anmut in Form goldener Frauengestalten umtanzte Denkmalsockel unbesetzt.

Noch vor der Bürgerwiese verband allerdings die 1827 verlängerte Hauptallee den Großen Garten mit der Altstadt. Zuvor war diese Achse durch die erst jüngst wieder rekonstruierten klassizistischen Torhäuser zum Haupteingang aufgewertet worden. Das hinderte 1930 jedoch die Stadtplaner nicht, diese Blick- und Wegachse zu unterbrechen; als Point de vue und architektonisches Pendant des Palais scheinen seitdem die Säulen des von Wilhelm Kreis entworfenen Hygiene-Museums auf. Hinter ihnen wird heute wie damals der »gläserne Mensch« präsentiert, was dem gestalterischen Interruptus natürlich eine gewisse kulturgeschichtliche Komik verleiht, denn freilich begann unter den gepuderten und wasserscheuen Perücken des Barock, was in den klinisch reinen Laboren neuzeitlicher Wissenschaft seinen Fortgang nimmt.

Das Palais oder Die Zeit gebiert die Schönheit

Die heutige Erscheinung des Palais im Großen Garten (Farbtafel 23) widerspricht der Behauptung der Skulpturengruppe Pietro Balestras, die seit 1830 im Hauptparterre postiert ist. Eine Erinnerung an das anfangs beschriebene Foto vom November 1948 genügt, um das zu belegen. War damals durch manche Fensteröffnungen der Himmel zu sehen, so kann er sich heute in ihnen spiegeln. Dabei scheint das Nebeneinander unterschiedlich patinierter Steine die plastische Agilität des dreiflügeligen Gebäudes noch zu steigern.

Diese »Wiedergeburt« benötigt allerdings mehr Zeit als der ursprüngliche Neubau, denn sie beginnt bereits in der unmittelbaren Nachkriegszeit, als das ruinierte Gebäude zunächst nur beräumt wurde und eine Notbedachung erhielt. Seit 1953 aber folgten schon Sicherungs- und Wiederherstellungsarbeiten im Äußeren wie im Inneren. Ab 1983 brachte man die Stuckaturen im Erdgeschoss wieder an, um die Mitte der 80er-Jahre wurden die Innen- und Außenportale vollendet. Während der 90er-Jahre konnte dann endlich die originalgetreue Rekonstruktion des Daches und seiner Aufbauten sowie der Fassaden samt ihres bildhauerischen Schmuckes durchgeführt werden, so dass dem Großen Garten nun

wieder jenes funktionale und ästhetische Zentrum zurückgegeben ist, auf das er sich ursprünglich allein bezog und aus dem heraus er sich über mehrere Jahrzehnte entfaltete.

Die Bauzeit des Palais umfasst in etwa die Regierungszeit von Johann Georg III., auf dessen Initiative ja das Gesamtprojekt des Großen Gartens zustande kam. Zwei Jahre vor seiner Thronbesteigung, im Jahr 1678, begonnen, dürfte es in seinem Todesjahr 1691 auch im Inneren vollendet gewesen sein. Als Architekt gilt Johann Georg Starcke, der 1672 Oberlandbaumeister in Sachsen geworden war. Wohl in diesem Zusammenhang hatte er im selben Jahr Westeuropa bereist, so dass es nicht wundert, wenn sich im Palais Elemente der französischen Schlossbaukunst ebenso finden wie solche italienischer Renaissancevillen und zeitgenössischer flämischer Architektur. Sowohl in künstlerischer als auch in technologischer Hinsicht gilt es als ein Werk »von höchstem Rang« und als eigentlicher Auftakt zur Barockarchitektur des frühen 18. Jahrhunderts in Sachsen.[49]

Seitdem das Palais von seinem Bauzaun befreit ist, kann seine architektonische Qualität, die Sinnfälligkeit seiner Gestalt wieder tatsächlich erlebt werden. Besonders eindrücklich erscheint der Baukörper auf seiner Sonnenseite, über der unbewegten Wasserfläche des Palaisteiches. Es bietet sich ein Eindruck, der dem ursprünglich beabsichtigten sicher am nächsten kommt, denn das Palais sonderte sich einst durch ein umlaufendes Grabenparterre von seiner nächsten Umgebung ab und stand somit quasi solitär auf einer Insel.

Dieses Herausgehobensein wird auch in der Architektur selbst thematisiert. So erscheint das Erdgeschoss durch seine wenigen, kaum ins Gewicht fallenden Fenster, die abweisend wirkenden Türöffnungen und durch den dunklen, rustikal gearbeiteten Stein, aus welchem es gefügt ist, nurmehr wie ein Sockel, der das eigentliche Haus – den durch große Fenster geöffneten Festsaal – über das Niveau seiner Umgebung heraushebt. Die Treppen, die direkt zu den Eingängen dieses Festsaales steigen, und das kräftige Kranzgesims, welches die Geschosse trennt, unterstützen diesen Eindruck. Faszinierend auch, wie es dem Architekten gelang, die drei sich auf einem H-förmigen Grundriss erhebenden Flügel zu sondern und kenntlich zu machen, zugleich aber durch Dach- und Giebelformen sowie die strenge Symmetrie der Fenster- und Nischenordnungen wieder zu einer konzentrierenden Einheit zusammenzubinden.

Mit Jeremias und Conrad Max Süßner, Abraham Conrad Buchau (1623–1701), George Hermann (nach 1640 – nach 1700) und Marcus Conrad Dietze (1656–1704) stand Starcke die erste Riege der sächsischen Bildhauer zur Seite, wobei ihr spezieller Anteil an den einzelnen Arbeiten nicht zu verifizieren ist. Als besonders bedeutsam ist immer wieder

Palais im Großen Garten, Hauptsaal im Obergeschoss (Foto: Walter Möbius, 1935)

jene »Fülle vollsaftigen Schmucks« hervorgehoben worden, welcher der Architektur ihre Schwere nimmt und eine dem Ort gemäße festliche Heiterkeit erzeugt, wie sie so bis dahin in Dresden nicht gesehen wurde.

Auch das am Außenbau entwickelte Figurenprogramm gilt als Maßstab setzend und »glanzvollster Zeuge an der Schwelle des Dresdner Hochbarocks«.[50] Im wahrsten Sinn des Wortes bekrönt wird es durch die Giebelfelder, in denen sich das Geschlecht der Wettiner und ihr seinerzeitiger Vertreter Johann Georg III. glorifizieren ließen. Die Wettiner begriffen sich nicht nur in der historischen Tradition römischer Cäsaren, deren Büsten aus den Nischen des Mezzaningeschosses schauen. Mit der Darstellung des Urteils des Paris im Erdgeschoss nahmen sie zugleich die historisch-mythologischen Wurzeln des Römischen Reiches und deren Verquickung mit der Götterwelt für sich in Anspruch. In der Apotheose, die Samuel Bottschildt (1641–1706) für das große Deckengemälde des Festsaales schuf, wurde Johann Georg III. selbst der Sterblichkeit entrückt. Als jugendlicher Apoll thronte er da – eingehüllt von einem weißen Gewand – strahlend auf Wolken.

Nachdem die einst von italienischen Künstlern stuckierten Gewölbe im Erdgeschoss rekonstruiert worden sind, steht vielleicht auch bald der große Festsaal auf dem Rekonstruktionsplan, um ein weiteres Mal Zeit und Geschichte außer Kraft zu setzen, gerade so, als tauschte man die Allegorien der wechselnden Jahreszeiten, die auf den vier Giebeln des Palais stehen, gegen einen immerwährenden Sommer.

»... des Festes Glanz selber ... für alle Zeiten«[51] – Der Dresdner Zwinger

Dass sich in Dresden der Begriff Zwinger (Farbtafeln 8–11) mit dem Bild einer heiteren Festarchitektur und nicht mit jenem Teil der Befestigungsanlage zwischen äußerem und innerem Mauerring verbindet, den er ursprünglich benannte, belegt nicht allein die Zählebigkeit von Bezeichnungen. Vor allem ist es ein schönes Beispiel für die Macht, welche Dinge oder Verhältnisse über unsere Sprache besitzen. Sie scheinen fähig, die Worte völlig zu absorbieren, sie auszuhöhlen und mit einem gänzlich neuen Inhalt zu füllen.

Im Fall des Dresdner Zwingers gründet diese Macht wesentlich auf der eigentümlichen Faszination, die das Ensemble insbesondere seit der zweiten Hälfte des 19. Jahrhunderts wieder auf seine Betrachter auszustrahlen begann. Davor war es »als verwerflicher Barock- oder gar Rokokobau in der weiteren Öffentlichkeit [...] verlästert und vernachlässigt« worden, wie sich der seit 1882 als Direktor der Gemäldegalerie tätige Karl Woermann (1844–1933) in seinen Memoiren erinnerte.[52] Ehe 1852 die zweite der insgesamt fünf umfassenden Wiederherstellungen startete, zeichnete Adolf Menzel (1815–1905) das berühmte Nymphenbad im Zwinger noch als eine von Pflanzenwuchs zugewucherte Grotte – mit eher sachlich als romantisch gestimmtem Blick, aber voller Interesse für das Große, welches ruiniert da unter Wurzeln verging, ganz ähnlich wie manche der gotischen Kirchen.

Tatsächlich scheint die Faszination des Zwingers am ehesten mit der vergleichbar, welche vom Anblick der himmelstürmenden Fragilität gotischer Kathedralen ausgeht. Wie in den Meisterwerken des Mittelalters gelang in dem Dresdner Bauwerk eine einmalige Symbiose von Architektur, Bildhauerei und – leider weitgehend verlorener – Malerei, und das in einer Kühnheit und mit einem Reichtum an Formen, die überwältigen, indem sie schwindeln machen. Nicht das ausgewogene künstlerische Temperament regiert, sondern das exzentrische, welches vielfach nicht nur geistig, sondern auch technisch an der Grenze des Machbaren arbeitet. Neben den materiellen Aufwand tritt der artistische, der uns zeigen will, dass der Stein sich in Licht auflösen, in pulsende Haut, in lebendige Pflanzengirlanden, ja selbst in den Klang und den Rhythmus eines Festes verwandeln kann. Und wie bei den großen gotischen Domen ist die »Unvollendbarkeit von vornherein sein Schicksal« gewesen, »weil die Wirklichkeit der Idee widersprach«[53].

Wie so oft war der baufreudige Friedrich August I. auch im Falle des Zwingers nicht allein Initiator und Bauherr, sondern skizzierte 1709 zugleich eine erste gestalterische Idee.

Die zeigt allerdings lediglich eine Orangerie in Form eines im Scheitel mit einer Kaskade akzentuierten, terrassierten Halbrunds, wie es dann auch umgehend realisiert worden ist. Nur erbaute man statt der Kaskade eine Treppenanlage, über welche die einzelnen Terrassen erschlossen wurden. Sie befand sich an der Stelle des heutigen Wallpavillons und der sich zu beiden Seiten anschließenden Bogengalerien. Schon im Juli des folgenden Jahres konnte August die Umsetzung seiner Pflanzen aus dem Garten des Leipziger Kaufmanns Apel nach Dresden anweisen. In Leipzig, das der König regelmäßig zu den Messen besuchte und das zeitweise den Rang einer Nebenresidenz besaß, war er vielleicht auch zur Form seiner Dresdner Orangerie angeregt worden. Eine ähnliche Anlage existierte nämlich im Garten des Ratsherren Caspar Bose (1645–1700) vor dem Grimmaischen Tor.

Diese Orangerie mochte für das Festungsareal westlich des Schlosses als angemessen gelten. Neben einem Reit-, einem Schieß- und einem Komödienhaus existierte dort bereits ein kleiner Nutzgarten. Stellt man das Ganze allerdings in den Zusammenhang der Pläne für einen Neubau des Residenzschlosses, die den König seit dem Großbrand im Jahr 1701 beschäftigten, mutet diese Pflanzenarena geradezu belanglos an.

1703 hatte August seinen Hofarchitekten Marcus Conrad Dietze einen Schlosskomplex zeichnen lassen, dessen Ost-West-Ausdehnung immerhin gigantische 520 Meter betragen hätte. Das war unzweifelhaft der Plan für die Residenz eines Herrschers mit europäischem Führungsanspruch, ein trotzig behaupteter allerdings, wenn man die realen politischen Verhältnisse betrachtet.

Im Großen Nordischen Krieg (1700–1721) kämpfte Sachsen im Bündnis mit Russland und Dänemark gegen Schweden um die Vorherrschaft im Ostseeraum. Doch seitdem August II. mit seiner Armee in Livland eingefallen war, ging es für die Sachsen rückwärts. 1702 unterlag ein sächsisch-polnisches Heer bei Kliszów (Klissow) den Schweden, die 1704 gegen den Willen der Mehrheit des polnischen Adels August II. entthronten und Stanislaus I. Leszczyński (1677–1766) zum polnischen König wählen ließen. Im Februar 1706 folgte die vernichtende Niederlage bei Wschówa (Fraustadt) und noch im Sommer desselben Jahres kam es zur Besetzung Sachsens. In dem am 24. September des gleichen Jahres durch Unterhändler geschlossenen »Altranstädter Frieden« verzichtete Sachsen nicht nur auf die polnische Krone, sondern verpflichtete sich überdies zur Auflösung des Bündnisses mit Russland. Da aber der sächsische Kurfürst als Oberbefehlshaber einer aus Russen, Sachsen und Polen bestehenden Armee noch im Feld stand, kam es trotz Friedensschluss am 29. Oktober bei Kalisz (Kalisch) nochmals zu einer Schlacht. Dass sie siegreich für den Sachsen ausging, entbehrt nicht einer gewissen Komik, denn August hatte versucht,

Zwinger, Wallpavillon mit dem Hercules Saxonicus von Balthasar Permoser als krönender Giebelfigur

sie zu verhindern. Auch konnten ihn weder dieser Sieg noch seine Berater davon abbringen, nunmehr nach Sachsen zurückzugehen, um den Friedensvertrag zu ratifizieren. Das kostete das Land immerhin über 20 Millionen Taler und dem schwedischen König erlaubte es, im folgenden Sommer mit einer vergrößerten und frisch ausgerüsteten Armee erneut Richtung Russland zu ziehen. Doch drehte sich das Schicksal Sachsens abermals, als am 8. Juli 1709 in der berühmten Schlacht bei Poltawa die schwedische Armee eine vernichtende Niederlage erlitt. Denn diese ermöglichte Friedrich August II., sein Bündnis mit Peter I. (1672–1725) zu erneuern und mit dessen Gunst als König nach Polen zurückzukehren.

Das Jahr 1709 war also ein bedeutsames für Sachsen und seinen Kurfürsten, zumal sich neben den politischen Erfolgen auch wirtschaftliche ankündigten. Nachdem es mit der Herstellung von Gold nichts geworden war, stand nunmehr die fabrikmäßige Produktion von Porzellan in Aussicht. Das Laboratorium, in dem die Erfindung des »weißen Goldes« in Angriff genommen worden war, hatte sich in den Kasematten der Jungfernbastei unter der heutigen Brühlschen Terrasse befunden, also quasi in Sichtweite des Zwingergartens.

Die Orangenbäumchen, die nun dort so rasch als möglich einziehen sollten, veredelten die wiedergewonnene weltliche Macht und den Reichtum durch das Sinnbild des ewigen Lebens, das die Pomeranzen, die »pommes orange«, die »goldenen Äpfel«, für das Zeitalter des Barock in besonderer Weise darstellten. Entsprechend aufwändig gestalteten sich die gärtnerische Fürsorge und die baulichen Investitionen, die man ihretwegen trieb.

Der Grund lag im Mythos um die Hesperiden, die – als »hellsingende Töchter«, aber auch als »afrikanische Schwestern« bezeichnet – jenseits des Okeanos im Garten der Götter die goldenen Äpfel bewachen, welche den Göttern ewige Jugend verleihen. Da sich die Hesperiden unberechtigterweise selbst bedient hatten, stellte die Erde, die den die Früchte tragenden Baum als Hochzeitsgeschenk für Hera und Zeus hatte wachsen lassen, zusätzlich den hundertköpfigen Drachen Ladon zur Bewachung ab. Vor allem an diesem Ungeheuer muss nun Herkules vorbei, will er die elfte von insgesamt zwölf Aufgaben erfüllen, durch die er den Thron von Mykene zu erhalten hofft. In einer der zwei Versionen, die erzählt werden, geht Herkules den direkten Weg. Er schläfert den Drachen ein, erschlägt ihn und kommt so an die Äpfel. In der zweiten, wesentlich raffinierteren, darf er Lernfähigkeit, Intelligenz, körperliche Kraft und List zugleich beweisen, denn er schickt, wie ihm von Prometheus geraten worden war, Atlas an seiner Statt zum Apfelklau. So lange dieser dauert, muss Herakles allerdings die Arbeit des Himmelsträgers übernehmen. Atlas jedoch, auf den Geschmack der ungewohnten Freiheit gekommen, will die Früchte jetzt lieber selbst in Mykene abliefern, so dass Herkules nur eine List bleibt, um die Last wieder loszuwerden und seinen Auftrag zu erfüllen. Als Träger des gesamten Erdballs, als der Atlas entgegen der mythologischen Überlieferung schon im 16. Jahrhundert dargestellt wurde, sollte später auch Herkules den Wallpavillon des Zwingers krönen. Doch zunächst zurück an den Anfang der Dresdner Anlage, denn deren Gestalt überdauerte gerade einmal ein Jahr.

Bereits 1710 schickte der König den mit dem Bau beauftragten Matthäus Daniel Pöppelmann auf eine Reise über Prag und Wien nach Rom, um »die itzige Arth des Bauens sowohl an Palaesten alß Gärten«[54] zu studieren. Insbesondere hatte man ihm Zeichnungen für den erneut ins Auge gefassten Neubau des Schlosses mit auf die Reise gegeben, um sie mit führenden Architekten und Künstlern zu diskutieren. Überlegungen zur weiteren Gestaltung des Zwingergartens dürften dabei ebenso eine Rolle gespielt haben, zumal spätestens 1712 Entwürfe vorlagen, die auf eine Verbindung beider Projekte hinausliefen.

In Wien lernte Pöppelmann Johann Bernhard Fischer von Erlach (1656–1723) und Johann Lucas von Hildebrand (1668–1745) kennen, der damals Garten und Palais Schönborn realisierte. In Rom studierte er unter anderem die Schöpfungen Gian Lorenzo Berninis und Francesco Borrominis, der großen italienischen Ahnherren des europäischen Barock.

Trotz der neuen Entwürfe, die im Ergebnis der Reise für eine neue Residenz unter Pöppelmanns Hand entstanden, ließ August der Starke im folgenden Jahr aber nicht am Königsschloss, sondern an der neuen Orangerie im Zwingergarten bauen. Die Wertschätzung für die Arbeit des Architekten und die Bedeutung, die er diesem Projekt beimaß, drückte sich unter anderem darin aus, dass er Pöppelmann schon seit diesem Zeitpunkt das Salär eines Oberlandbaumeisters zahlte, obschon er erst 1718 in diesen Rang aufsteigen sollte.

Die Orangerie oder besser das Orangerieschloss, welches Pöppelmann 1711 zu bauen begann, war zunächst offenbar immer noch als ein Solitär geplant, zumindest jedoch in einem anderen architektonischen Zusammenhang als dem uns überlieferten. So zeigte etwa eine um 1712/13 datierte, seit 1945 verschollene Zeichnung Pöppelmanns einen zur Elbe hinweisenden, quergelagerten Zwingergarten, umgeben von Galerien und Terrassen. Die südöstliche, stadtseitige Fassade wurde gleichfalls von einer Galeriearchitektur gebildet, die durch vier mächtige Türme akzentuiert war, welche sich gleich Wächtern vor dem Areal dieses »Hortus Hesperidum« erhoben.[55]

Der im Nordwesten des Zwingergartens gelegene Gründungsbau ist trotz der späteren Erweiterungen und teilweise schwerer Verluste bis heute der künstlerisch wertvollste, inhaltlich dichteste Teil der Gesamtanlage geblieben. Bis etwa 1712/13 waren die Bogengalerien und die zugehörigen doppelgeschossigen Eckpavillons im Rohbau vollendet. Auch das hinter dem Französischen Pavillon in den einstigen Befestigungswall implantierte Nymphenbad dürfte während dieser Zeit in Angriff genommen worden sein. Das Untergeschoss dieses Pavillons diente ursprünglich als dunkle, die Sinne beruhigende, konzentrierende Vorhalle für die nur vom Wasser der Kaskade durchrieselte und von herabfallenden Springstrahlen des zentralen Wasserbeckens durchschlagene Stille des Nymphaeums.

Deutlicher vielleicht als an keinem anderen Ort der Anlage zeigt sich heute hier Glanz und Elend des Zwingers, und zwar in seinem empfindlichsten Teil, seinen Skulpturen. Die Vollkommenheit des ersten Blicks enthüllt sich rasch als Täuschung. Mehr als die Hälfte der Arbeiten im Nymphenbad sind Neuschöpfungen der 1930er-Jahre, die, so das harte Urteil von Sigfried Asche, »barocke Lebensfülle [...] mit kleinbürgerlicher Theatralik und peinlicher Nudität nachzuäffen« versuchen.[56] Bei nur sechs der insgesamt 18 Werke handelt es sich um Originale aus der Entstehungszeit des Zwingers.

Wiederum nur drei dieser Skulpturen werden Permosers eigener Hand zugeschrieben: eine »Nymphe, die vom Bade kommt« (Farbtafel 8), jene, »die zum Bade geht« und schließlich die, die ihr unstetes, dem Dahinfließenden verbundenes Wesen im Spiegel einer mit Wasser gefüllten Muschel zu erschauen sucht. Es ist eines der eindrücklichsten, der über- oder besser unirdischsten Werke, die Permoser je geschaffen hat: »Nichts von festem Gerüst, nichts auch von Gelenken, nur weiche, der Muschel verwandte Wölbungen atmen, leise sich hebend und sanft zurückebbend. Wie das Perlmutt aus dem Grunde der Schale durch das klare Wasser noch leuchtender schimmert, so wirkt die samtene Haut der Gestalt durchscheinend im matten Glanze. Das Vibrieren des auf- und absteigenden Lebens wird spürbar. Sehr selten ist aus dem kristallen gekörnten Sandstein soviel der Weichheit und des Lebensatems geboren worden.«[57]

Gemeinsam bilden diese drei Skulpturen einen für den Ort und das hier waltende Element Wasser charakteristischen Dreiklang, dessen Sinnfälligkeit vermuten lässt, dass auch ursprünglich nicht mehr als diese drei Werke von Balthasar Permoser selbst für das Nymphenbad geschaffen worden sind. Durch sie aber setzte er das Generalthema. An diesem hatten sich die übrigen Bildhauer zu orientieren. Bei ihnen handelte es sich entweder um Angehörige seiner eigenen Werkstatt oder selbstständig tätige Meister. Allerdings hatten selbst diese mehrheitlich ihre Ausbildung bei ihm genossen oder bei ihrer Arbeit in anderer, enger Berührung mit ihm gestanden. Das trifft für Benjamin Thomae ebenso zu wie für Christian Kirchner oder Paul Egell (1691–1752), der um 1716/17 nach Dresden kam und bei Permoser die Rolle eines ersten Assistenten[58] einnahm, ehe er ab 1721 als Hofbildhauer in Mannheim Karriere machte. Die Skulpturen von ihrer Hand stehen heute neben denen Permosers. Insbesondere Kirchners »Nymphe mit dem Blütenstrauß« und die mit einem kleinen geflügelten Liebesgott spielende Nymphe Egells belegen sowohl den Einfluss des genialen Meisters als auch die Eigenart ihrer Schöpfer, vor allem aber die hohe künstlerische Qualität der jüngeren Bildhauer. Zu ihnen gehörte auch Johann Joachim Kretzschmar (1677–1740), der die Quellnymphen zu Seiten der Kaskade schuf. Allerdings handelt es sich bei den heute dort aufgestellten Skulpturen um Kopien der rekonstruierten, »modern aufmodellierten Originale«,[59] bei den übrigen, wie gesagt, um Neuschöpfungen der 1930er-Jahre.

Die Skulpturen des Zwingers sind im Verlauf der vergangenen Jahrhunderte nicht nur mit ihrem naturgegebenen Verfall konfrontiert gewesen. Zerstörungen durch Kriege, Vandalismus oder bloße Ignoranz und Gedankenlosigkeit kamen hinzu. Ungeeignete Restaurierungstechniken und das unkontrollierte, verständnislose Herstellen von Kopien vernichteten überdies viel an authentischer Substanz. Dass es während dieser Arbeiten und der fünf Rekonstruktionen, die der Zwinger erlebt hat, überdies zu Umsetzungen einzelner Skulpturen gekommen ist, scheint fast selbstverständlich und im Nachhinein als geringstes Übel. Um die Postamente verlorener oder womöglich nie vorhandener Werke zu füllen, zog man andere zeitgenössische Werke in den Zwinger, fertigte Doubletten vorhandener Figuren oder – als problematischste Variante – freie Neuschöpfungen.

Dem Nymphenbad stand in der Erdgeschosshalle auf der anderen Seite des Wallpavillons der sogenannte Grottensaal als Pendant gegenüber. Spielten hier die Najaden unter dem wechselnden Licht des wirklichen Götterhimmels in ihrem verschatteten Bade, so tum-

Matthäus Daniel Pöppelmann, Grottensaal (Zwinger-Kupferstichwerk), Stich von Lorenzo Zucchi, 1729

melten sie sich im Grottensaal in einer Malerei an dessen Decke, indessen Minerva und Apoll in Form zweier Skulpturen auf die Erde herabgestiegen waren.

Dieser Saal ist 1813 leider beschädigt und danach aufgegeben worden, weswegen sich die beiden Bildwerke heute im Albertinum befinden. »Fri. Aug. König in Polen und Churf. zu Sachs. hat aus dem hiesigen Landt-Marmor diese erste figur verfertigen lassen«, ist in den Sockel des Apoll gemeißelt, den Permoser »ohne Muster in seinen 64igsten Jahr 1715« aus einem Block sächsischen Marmors geschlagen hat und der die idealisierten Gesichtszüge des Königs selbst trägt. Unaufhaltsam, mit mächtigem Vorwärtsdrang, zerteilt der Gott-König die Wolken, lässt den Schlaf am Boden zurück und bringt Licht in das diffuse Dunkel der mit verschiedenen Wasserspielen ausgestatteten Grotte Neptuns. Dieser Deutung folgend, erscheint die Kurfürstin als Minerva, so dass die blockhaft schwere Statue nicht von ungefähr ihren protestantischen Ehrennamen, »Betsäule Sachsens«, evoziert. Eine weit seriösere Andeutung lieferte Permoser allerdings, indem er der gepanzerten Göttin einen geflügelten Putto zugesellte, der quicklebendig mit der Zunge des Medusenhauptes spielt, welches als Relief auf dem Schild Minervas prangt. Dem Mythos folgend, müsste der Anblick dieses schrecklichen Gesichts jeden zu Stein erstarren lassen, doch Christiane Eberhardine hatte sich bekanntlich nicht nur von ihrem Gatten ab-, sondern neben der Pflege von Kunst und Kultur auch der Fürsorge von Waisenkindern zugewandt.

Bis zu seiner Zerstörung durch die Bombardierungen des 13./14. Februar 1945 erfuhr die Kurfürstin im Deckengemälde des sogenannten Marmorsaals im Französischen Pavillon eine weitere, ähnlich beziehungsreiche Ehrung. Dort erschien ihr von Genien bekränztes Bildnis über einem Relief, das die von Theseus verlassene Ariadne darstellte. Im Zentrum des 1717 durch Heinrich Christoph Fehling geschaffen Werkes stand die Apotheose der sächsisch-polnischen Union. Das Wappen, dem Herkules die Krone aufsetzt, scheint gleichsam in den sich blendend öffnenden Himmelsraum empor gesogen zu werden.

Es passt zum kontrapunktischen Denken der Zeit, dass man diesem politisch-mythologischen Bildkonstrukt an der Decke des Französischen Pavillons in seinem architektonischen Pendant einen allgemeinmenschlichen Mythos entgegensetzte. Der Akademiedirektor und Hofmaler Louis de Silvestre (1675–1760) schuf dort 1723 drei Deckengemälde, die sich der Geschichte von Amor und Psyche, Romeo und Julia der Antike, widmeten. Im Gegensatz zu ihren neuzeitlichen Nachfahren endet deren Geschichte gut, denn Amor erhält die Erlaubnis, seine Geliebte zu heiraten. Erst um 1746 siedelte die königliche Sammlung mathematischer und physikalischer Instrumente in diesen Pavillon über und gab ihm damit seinen Namen.

Mit dem Bau der Bogengalerien war die mächtige Treppe, die Pöppelmann im Scheitel des Halbrunds zur Erschließung der vormals dort angelegten Terrassen errichtet hatte, weitgehend unbrauchbar. Schon auf einem Medaillenentwurf von 1711 erschien an dieser Stelle ein dem heutigen nicht unähnlicher Pavillon. Der Baubeginn für den Wallpavillon datiert aber erst nach 1715, also später noch als der für das Kronentor und die Langgalerie.

Bis dahin hatte es die verschiedensten Entwürfe gegeben. Die um 1714 sich durchsetzende Absicht, den Zwinger als geschlossenen Hof zu separieren, machte es möglich, ihn zugleich als weitgehend eigenständige künstlerische Einheit zu begreifen. Um diese Zeit ist auch der Beginn jener intensiven und einmaligen Zusammenarbeit zwischen Pöppelmann und Permoser zu vermuten, die durch eine Symbiose zwischen Architektur und Skulptur gerade im Wallpavillon eine grandiose Steigerung erlebte. Sigfried Asche versuchte es von der Seite des Bildhauers her als ein Aufgraben der Architektur durch die Skulptur zu begreifen, als eine »Umdeutung der architektonischen Glieder in bewegt-abstrakte Formen [und] vegetabilische oder menschliche Gestalt«. Permoser habe das Bauwerk nicht einfach mit Figuren durchstellt, »sondern die menschliche Physiognomie phantastisch, geradezu spukhaft aus allen Ecken, Kapitellen, Schlußsteinen, Bekrönungen, ja, aus Vasenhenkeln und Voluten« herausgeformt und herausformen lassen.[60]

Eine Voraussetzung dafür lag in der wohl durch Permoser und seine Kunst herausgeforderten Plastizität der Architektur selbst. So ließ Pöppelmann den Wallpavillon auf einem Grundriss errichten, den man am ehesten als organoid charakterisieren kann, denn er mutet gleichsam wie eine natürliche Auswölbung der segmentbogigen Langgalerien

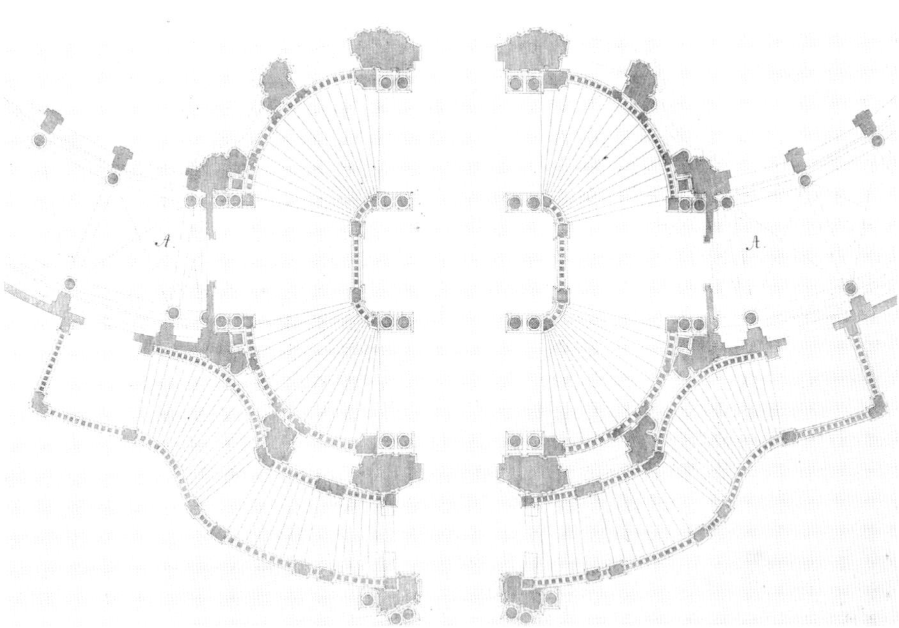

Matthäus Daniel Pöppelmann, Grundriss des Glockenspielpavillons (Zwinger-Kupferstichwerk), Stich von C. F. Boetius, 1729

an. Bei dem später errichteten Stadtpavillon (Glockenspielpavillon), der eine modifizierte architektonische Spiegelung des Wallpavillons darstellt, wird das durch die hinzutretende, sich in entgegengesetzter Richtung bewegende Außenform noch deutlicher spürbar.

Es ist nicht einfach das Einstellen einer konvex sich wölbenden Form in die konkave der Bogengalerien. Der Grundriss des Pavillons besteht vielmehr aus einem Wechsel sich ein- und ausschwingender Formen, in dem die großen Bögen der Galerien regelrecht einzuströmen scheinen, um sich in diesem einen Punkt kraftvoll zu verdichten. Aus dieser Energie wächst die geometrisch-amorphe Gestalt des Pavillons ebenso wie seine skulpturale Emphase.

Als vorbildlich für den Wallpavillon gilt das Gartenbelvedere des Palais Schönborn in Wien, doch stärker noch ist der Einfluss der Sakralbauten des böhmischen Barock. »Im Unterschied zu den böhmischen Bauten« jedoch, so der Kunsthistoriker Michael Kirsten, »löste Pöppelmann [...] eine jede Grundform durch Bildwerk und plastischen Dekor derart auf, dass eine heitere, bizarre Dynamik anstelle dramatischer Bewegung und stürmisch monumentaler Zerklüftung trat.«[61]

Wahrhaftig bizarr ist die Festgesellschaft, deren zwei »Reigen« die Gestalt des Wallpavillons prägen, auf dessen Schlussstein der schon erwähnte Herkules Saxonicus alias Friedrich August I. die »Himmel-Kugel« ausbalanciert. Als historischen Hintergrund für diese Skulptur führte Pöppelmann in seinem 1729 herausgegebenen Kupferstichwerk zum Zwinger die Reichsstatthalterschaft an, die der sächsische Kurfürst nach dem Tod des Kaisers im Jahr 1711 für kurze Zeit ausübte. Wo man heute zunächst das bildhauerisch gewagte Kunststück Permosers bewundert und entsprechend inhaltlich interpretiert, nämlich als eine ziemliche Wackelpartie, sah Pöppelmann seinen König in der Rolle »eines Ober-Aufsehers« und »Welt-Unterstützers«.

Es ist das Gefolge des Pan und des Dionysos, Satyrn und Bacchanten, denen das Gebälk dieser Festarchitektur auf die Schultern gelegt ist. Die Fruchtbarkeit, für die sie in der Mythologie unter anderem stehen, hat als Kehrseite die Furchtbarkeit – so könnte spielerisch formuliert werden –, den panischen Schrecken, die Ekstase, die Unberechenbarkeit ihrer Natur. Selten dürfte das doppelte Gefangensein dieser Wesen derart eindrücklich und weit über die Grenzen gängiger Klischees hinaus porträtiert worden sein. Ähnelt die westliche einzelne Figur nicht dem Vulkan, dem Schmiedegott, der unter der Erde werkt, wie er in einer der Nischen des Kronentors steht? Und sah der alternde Meister, der uns später sein Porträt im Sockel eines »Christus« hinterlassen sollte, sich nicht

Zwinger, Kronentor: Balthasar Permoser, »Vulkan«

vielleicht sogar selbst in diesem göttlichen Handwerker? Könnte der Jüngling auf der gegenüberliegenden Seite nicht einer der Gesellen seiner Werkstatt sein?

Wie der »Vulkan«, so gelten auch die jeweils rechten Hermen der Paare und die Dreiergruppen zu Seiten des Mittelgangs mit Ausnahme der äußersten rechten Skulptur als eigenhändige Werke Permosers. Alle übrigen Figuren des Wallpavillons samt dem reichen ornamentalen Schmuck, den Vasen und Wappenkartuschen sind das Werk anderer Bildhauer, seiner Mitarbeiter und neben ihm tätiger Meister, so zum Beispiel Paul Egell und Benjamin Thomae.

Paul Hermann werden die vier Figuren eines Paris-Urteils zugeschrieben, die zu beiden Seiten der riesigen bekrönten Kartusche postiert sind, in der das sächsisch-polnische Wappen prangt. Am Palais im Großen Garten gemahnte die einen Krieg heraufführende Entscheidung des trojanischen Prinzen Tragik und Unausweichlichkeit des Schicksals, in das der Mensch gestellt ist. Auf dem Wallpavillon tritt die Geschichte direkt in den Mythos, denn Paris hält statt des Apfels die polnische Krone in den Händen. Ist Paris also August, der die alte Überlieferung außer Kraft setzt und dem die drei Göttinnen nun zur Seite stehen?[62] Oder schwingt nicht doch noch der Hauch des tragischen Mythos durch den Raum, als Hinweis darauf, wie unsicher der Besitz dieser Krone ist und mit welchen Gefahren er verbunden sein könnte? Aber ob Mythos oder Geschichte, der Vorgang bleibt in die Koordinaten der Welt eingebunden, in welche dort oben die Gruppen der vier Winde blasen.

Ist der Zwinger das utopische Projekt der Verewigung einer üblicherweise temporären, in vergänglichen Materialien erbauten, mit Blumen- und Pflanzengebinden geschmückten Festarchitektur in Stein, so sind seine Skulpturen, wie es scheint, die Darsteller des zugehörigen Festumzuges, wie er am Dresdner Hof immer wieder gefeiert worden ist. In der Abteilung des Wallpavillons erreicht das Fest seine heißeste Phase, in der Vieldeutigkeit der sich verschränkenden mythologischen Bilder und aktuellen Bezüge eine Lebendigkeit wie nirgendwo sonst.

Nicht nur wegen seiner imponierenden Gestalt spricht das Kronentor eine eindeutigere Sprache als der Wallpavillon. Das hat vor allem mit seiner Funktion zu tun, die es als repräsentativer Zugang der Anlage besitzt. Seine kühne, antikisch anmutende Säulenarchitektur hat im Grunde nur einen Zweck: die goldene Königskrone zu tragen. Alles Übrige arbeitet dieser Aufgabe zu. Gleich einem Triumphtor öffnet es sich und wird durch die Doppelung dieses Motivs gleichsam zu einem Triumphturm. Der aufgesprengte Giebel, dessen Segmente im Erdgeschoss scheinbar sinnwidrig nach außen weisen, verstärkt

Zwinger, Kronentor

Zwinger, Blick über den Zwingerhof auf den Mathematisch-Physikalischen Salon und den Wallpavillon

die Spannung, mit der sich hier alles zusammenschließt und emporsteigt, zunächst bekrönt von einem Kranz skulpturalen Schmucks, dann durch die »Krone«, die das teilweise vergoldete Dach bildet, und schließlich durch eine entsprechend dimensionierte Nachbildung der polnischen Königskrone selbst.

Auch das Skulpturenprogramm am Kronentor dürfte dieser Idee der Verherrlichung gefolgt sein. Darauf deuten die im Zusammenhang mit dem Tor stehenden Darstellungen verschiedener Götter und Jahreszeiten ebenso hin wie die im Inneren des Obergeschosses positionierten Tugend-Allegorien von Christian Kirchner.

Pöppelmann selbst sprach in der Vorrede zu seinem Zwinger-Kupferstichwerk davon, dass im Kronentor die Personifikation der »Garten-Kunst« dargestellt sei, die »jede Theile des Jahres in Frühling verwandelt«.[63] Das konnte in diesem Zusammenhang nur eine Anspielung auf den Hesperiden-Mythos und Herkules sein, der auf einem Blatt, das die obere Etage des Kronentors wiedergibt, zu beiden Seiten der bekrönten Initialen des Königs erscheint. In einem Erläuterungstext zum Titelblatt der Stichfolge hatte Pöppelmann den Heros als Sieger gefeiert, der »die eroberten güldenen Aepffel, und die mit einer so herrlichen Frucht prangende[n] Bäume, aus den hesperidischen Gärten, durch die Lufft herbey bringet«,[64] denn natürlich schwebt der Held in einer Wolke über Dresdens Königlicher Orangerie. Wobei er dem Treiben um ihn herum und unter ihm eher mit nachdenklicher Distanz zu folgen scheint.

Wenn also Pöppelmann am Ende, in die Zukunft hoffend, seinen König »unseren tapferen sächsischen Herkules« nannte, so mochte das weniger Herrscherlob sein als Beschwörung, Beschwörung des Mythos als Gegenwart. In ihr sollte der Königliche Zwinger-Garten zum göttlichen Garten werden, der König zum Gott-Gärtner. Die goldenen Äpfel, die der König als Versprechen ewiger Jugend in diesen Garten gepflanzt hatte, sollten den Stein zum Blühen bringen, zum Leben erwecken. Und der erweckte, in ewigem Frühling blühende Stein wiederum sollte sich zu einer immerwährenden Feier erheben. »Diese Steine«, so sei noch einmal Sigfried Asche zitiert, »verwandeln sich ›proteushaft‹ zu Köpfen, Wappen und Bouquets. Nichts, als nur da zu sein, als Lebensfreude zu verkünden, zur Steigerung des Lebens aufzurufen, dieses gehobene Da-Sein in steinerne Dauerhaftigkeit hinüberzuleiten und der Zukunft zu überliefern: das ist die einzige Aufgabe des Zwingers. Er trägt nicht nur des Festes besonderen Schmuck, sondern will des Festes Glanz selber sein und höchster Ausdruck seiner Zeit für alle Zeiten.«[65]

Schon im April 1715 lieferte man das Kupfer zur Bedachung des Kronentores und der mit ihm gemeinsam erbauten Langgalerie. Einer weiteren Reise, die Pöppelmann vor allem nach Frankreich führte, dürfte dann im kommenden Jahr der Baubeginn des Wallpavillons gefolgt sein. Während seiner Reise hatte sich der Architekt einen Monat lang allein in Paris aufgehalten und natürlich das berühmte Versailles besucht. Eindrücke, die er dort gewonnen hatte, flossen in den laufenden Innenausbau und die offenbar immer noch nicht zu einem verbindlichen Schluss gebrachten Planungen ein. Als im Februar 1718 der König befahl, »daß der Zwingergartenbau nach dem approbierten Grundriß als ein besonderes und nicht in einer Symetrie mit den Schloß stehendes Werk«[66] fertigzustellen sei, war das Bauwerk noch immer ein Fragment. Da fast zur gleichen Zeit die Idee auftauchte, die Anlage als Festspielplatz für die im September des folgenden Jahres angesetzte Hochzeit des Prinzen Friedrich August mit Maria Josepha von Österreich, der Tochter des Kaisers Joseph I., zu nutzen, erwiesen sich Pöppelmanns Pläne sowohl zeitlich als auch inhaltlich als nicht ganz kompatibel.

Die im Zwinger-Kupferstichwerk Jahre später veröffentlichte Idee für einen elbseitigen Abschluss des Gartens sah eine Spiegelung der bestehenden Langgalerie vor. In deren Zentrum aber hatte Pöppelmann statt des Kronentores einen dreigeschossigen Turm mit einem Glockenspiel und einer doppelläufigen, das Tor umfassenden, über zwei Geschosse reichenden Kaskade projektiert. Auch im Scheitel der südöstlichen Bogengalerie sollte sich an der Stelle des heutigen Glockenspielpavillons ein ähnlicher Turm erheben.

Mitsamt seinem Parterre, dessen Zentrum gleichsam aufgesprengt erscheint durch das die Gesamtanlage strukturierende Wegekreuz, wäre das Idealbild eines Paradieses entstanden, erfüllt von den Farben und den Düften der Pomeranzen, dem Geräusch des unaufhörlich und von allen Seiten einströmenden Wassers, geprägt zugleich von höchster, steinerweckender Lebendigkeit und größter Strenge, darüber nicht nur die polnische Königskrone, sondern der König selbst, in mythischer Gestalt.

Wegen der kurzen Zeit, in welcher der Zwinger nun jedoch zu einem bespielbaren Festplatz werden sollte, übernahm Pöppelmann die Idee der Spiegelung des Wallpavillons und der zugehörigen Bogengalerien, um die Stadtseite der Anlage zu schließen. Langgalerie und Kronentor gegenüber entstand eine Tribüne aus Holz, wie übrigens auch große Teile der Steinbauten des drängenden Termins wegen zunächst in Holz realisiert werden mussten.

Bis sämtliche Bauten dann in Stein ausgeführt und auch die Bildhauerarbeiten erledigt waren, vergingen dann noch fast zehn Jahre. Als 1728 die naturwissenschaftlichen Sammlungen des Königs in den Zwinger einzogen und man ihn als »Palais Royal des Sciences« bezeichnete, war das der Beginn einer neuerlichen Verwandlung. Das Bewusstsein über die ursprünglichen Intentionen dieses Ortes verblasste und seine Eigenschaft als künstlerisches Fragment generierte zu einem Status quo, dem Gottfried Semper (1803–1879) durch die von 1847 bis 1854 an der bis dahin offenen Elbseite errichtete Gemäldegalerie eine kategorische Bestätigung verlieh.

1729 hatte sein Architekt Matthäus Daniel Pöppelmann durch sein schon mehrfach erwähntes Kupferstichwerk an sein Zwinger-Projekt erinnert. Auf dem erwähnten Titelblatt wurde mit den Orangen auch ein Idealplan des Zwingers auf Wolken nach Dresden eingeflogen. Auf ihm ist zu erkennen, dass sich die »Orangerie de Royale de Dresden« bis zur Elbe hinunter erstrecken und dort dem Fluss im Halbrund eines Hafens öffnen sollte. Auch Zacharias Longuelune zeichnete um 1730 nochmals einen ähnlichen Plan für die Erweiterung des Zwingergartens Richtung Elbe, allerdings ohne Hafen, dem die dort gelegenen Anlagen der Stadtbefestigung im Weg standen. Hier kapitulierte der jugendliche Traum vom »Canal Grande«, den Prinz August einst von seiner Grand Tour aus Venedig mit nach Sachsen gebracht hatte, an handfesten Realitäten.

Auf der altstädtischen Seite kreuzten die eigens engagierten venezianischen Gondolieri in ihren farbenfrohen Uniformen vor einem Panorama, das vor allem aus Sicherheitsgründen nicht an das venezianische Vorbild erinnern konnte. Auf dem Neustädter Ufer wiederum lag vor einer weit bescheideneren Stadtbefestigung das Überschwemmungsland der weiten Elbwiesen, die bis heute das Bild dieser einmaligen Stadtlandschaft prägen – also auch nicht Venedig, aber Raum für weit phantastischere Projekte.

Des Zwingers kleineres Geschwister – Das Japanische Palais

Das Zwinger-Kupferstichwerk, das Pöppelmann nach zwei fehlgeschlagenen Anläufen im Jahr 1729 endlich veröffentlichte, enthielt neben den Blättern zum Zwinger auch eine Darstellung des vier Jahre zuvor für die Festung Königstein gefertigten großen Weinfasses sowie eine Ansicht der Stadtseite des jenseits der Elbe liegenden Holländischen Palais (Farbtafeln 12 und 13). Wegen der dort untergebrachten Porzellansammlung des Königs und teils chinoiser Ausstattung nannte man das Holländische Palais schon 1719 auch Indianisches oder Japanisches Palais.[67]

Nicht zufällig ähnelte der dreigeschossige Mittelrisalit des Lusthauses dem zur gleichen Zeit erbauten Kronentor in der Langgalerie des Zwingergartens, adaptierte er doch einen früheren Entwurf desselben. Wie dieser besaß er über seinem nach außen gesprengten oberen Giebel als eigentliche Krönung die Skulptur eines die Himmel- oder die Weltkugel schulternden Herkules.

Er gab somit seine Beziehung zu den königlichen Bauten unzweideutig zur Kenntnis, wenngleich der Generalfeldmarschall und dirigierende Geheime Kabinettsminister Jakob Heinrich Graf von Fleming (1667–1728) als Bauherr auftrat. Fleming hatte das Grundstück 1714 erworben und fertig bebaut, als es August der Starke 1717 von ihm erwarb, so dass allgemein davon ausgegangen wird, dass er von Anfang an in Stellvertretung seines Königs wirkte. Zumal der Marschall selbst das Palais weder gesehen noch bezogen, sondern nach Fertigstellung an den holländischen Gesandten am sächsischen Hof vermietet hatte, ehe es in die Hände seines obersten Dienstherrn wechselte.

Ob der König schon damals daran dachte, das Palais zur musealen Nutzung umzubauen und zum Bezugspunkt des von Pöppelmann geplanten und ab 1733 als Neue Königstadt an der noch heute bestehenden Königstraße angelegten einstigen Altendresden zu machen, ist nicht bekannt. Zunächst stand die schon mehrfach erwähnte Verbindung des sächsischen Königshauses mit dem habsburgischen Kaiserhaus an. Das Palais bot als Festort hierfür geradezu ideale Voraussetzungen, denn es befand sich vis-à -vis der Residenz und erlaubte die effektvolle Einbeziehung des Flusses. Als krönenden Abschluss des ersten der sieben Planetenfeste, des Apollofestes, veranstaltete man hier am 10. September 1719 das Feuerwerk »Jasons Kampf um das Goldene Vlies«.

Eine aus der Vogelperspektive gesehene Darstellung des Ereignisses zeigt eine von Schiffen gebildete »Straße«, die über die Elbe auf einen kleinen, im Schein des Feuerwerks

Johann August Corvinus, »Feuerwerk auf der Elbe, im Vordergrund das Holländische Palais«, Kupferstich, um 1719

hell erstrahlenden Festpalast zuläuft. Im Vordergrund erscheint das Palais mit seinen beiden Nebengebäuden zu Seiten des Ehrenhofs und der sich bis zum Fluss hinunter erstreckende barocke Garten. Dieser ähnelte durch seinen fast quadratischen Grundriss, sein zentrales Wegekreuz und die sich halbrund auswölbenden Apsiden wiederum wohl nicht zufällig dem Zwingergarten.

Wie zahlreiche der Kupferstiche, die Pöppelmann zum Zwinger veröffentlichte, an das nicht Erreichte gemahnten, so verwies die Darstellung des Holländischen Palais an das bereits wieder im Verschwinden Begriffene, denn das »alte« Palais befand sich seit 1727 im Umbau zu der bis heute existierenden Vierflügelanlage. Als »Porzellanschloss« sollte sie ausschließlich der Präsentation der königlichen Porzellansammlungen dienen. Es wäre ein europäisches Unikum gewesen. Der Tod des alten Königs und die differierende, stärker auf die Sammlung von Gemälden ausgerichtete Interessenlage seines Sohnes und Nachfolgers sowie die beginnenden Schlesischen Kriege ließen den Plan aber schließlich unausgeführt. Nach dem Siebenjährigen Krieg für die Antikensammlung, das Münzkabinett und die Fürstliche Bibliothek hergerichtet, brannte das Palais 1945 völlig aus. Heute beherbergt es die Schausammlungen des Staatlichen Museums für Völkerkunde.

An dem wuchtig anmutenden Bau waren unter der Oberleitung Pöppelmanns Zacharias Longuelune, Johann Christoph Knöffel und Jean de Bodt beteiligt. Wie am zuvor vollendeten Berliner Zeughaus griff Letzterer auch bei der Gestaltung des pavillonartig wirkenden Mittelrisalits mit Portikus auf das Vorbild des Louvreportals von Claude Perrault (1613–1688) zurück. Kontrastierend ist dessen schwere, konkav sich aufwölbende Dachform gegen die leichten, heiter wirkenden, chinois konvexen Formen der vier Eckpavillons gesetzt. Die Skulpturen des Giebelfelds, in dem die Porzellan herstellenden Völker einer thronenden Saxonia huldigen, schuf Benjamin Thomae nach Entwürfen Johann Christian Kirchners, der während der Arbeit an den Japaner-Hermen am Elbflügel des Innenhofes gestorben war. Auch dort arbeiteten Benjamin Thomae und – vor allem an den Seitenflügeln – Matthäus Oberschall (1688–1755) nach Kirchners Vorbild.

Thomae werden außerdem die vier Figuren an den Treppenaufgängen des Stadtflügels zugeschrieben. So weht vor allem durch die namhaften Bildhauer, die neben Permoser am Zwinger arbeiteten, doch noch ein Hauch von dessen Geist im Japanischen Palais.

Das alte Holländische ist im heutigen Japanischen Palais nur noch in der Raumdisposition des Elbflügels zu erspüren, in dem es einst aufging. Dort befinden sich auch die 1836 von Gottfried Semper nach pompejanischen Vorbildern gestalteten Antikensäle. Auf Semper geht zudem der Sockel für die von Ernst Rietschel (1804–1861) modellierte und 1843 gegossene Bronzefigur von König Friedrich August dem Gerechten (1750–1827) am Eingang des Palaisgartens zurück. Das Denkmal befand sich ursprünglich im Zwinger, ist aber 1928 versetzt worden.

Unter Hinzunahme ehemaliger Festungsareale wurde der alte Barockgarten um die Mitte des 19. Jahrhunderts als Landschaftsgarten neu gestaltet, allerdings mit großem Respekt vor dem historischen Bestand. So wird die sanft abfallende Rasenfläche noch immer von einem rechteckigen Wegerahmen mit zwei Halbkreisen an den Flanken gehalten und vor dem Fluss von einem Boskett aufgefangen. Mehr als er ihn gewährt, inszeniert dessen die Treppe markierender Durchlass den Zugang zur Elbe. Dort öffnet sich der wohl berühmteste der Blicke auf die Altstadt, den Bernardo Bellotto, genannt Canaletto (um 1722–1780) in seinen Bildern festgehalten hat.

Ein Garten auf der Festung – Die Brühlsche Terrasse

Fast genau in der Mitte des Bildes, das Canaletto 1748 »vom rechten Elbufer unterhalb der Augustusbrücke« aus von Dresden malte und das sich heute in der Gemäldegalerie Alte Meister befindet, erkennt man das Palais des Grafen Brühl, deutlich markiert durch eine dreifenstrige, ein kleines Belvedere tragende Dachgaube.

Der 1746 zum Premierminister aufgestiegene Heinrich Graf von Brühl (1700–1763) war zu diesem Zeitpunkt der mächtigste Mann Sachsens, »sein eigener König«, wie Friedrich II. spottete, indessen der Preußenkönig sich, seinem Credo entsprechend, als seinen eigenen Minister bezeichnete. Brühl stammte aus einem thüringischen Adelsgeschlecht und hatte 1719 seine Laufbahn am sächsischen Hof als Silberpage begonnen. Bereits im Alter von 31 Jahren avancierte er zum Minister und Geheimrat und war unter anderem durch Beschaffung der notwendigen Gelder maßgeblich an der Wahl Friedrich August II. zum polnischen König beteiligt. Als es ihm 1738 gelang, das Vortragsrecht beim König auf seine Person zu beschränken, übernahm er de facto dessen Macht und konzentrierte sämtliche Ministerien in seiner Hand. Innerhalb weniger Jahre führte er Sachsen im Glanz äußerlicher Prachtentfaltung in eine Situation der Schwäche, die auch von Brühls diplomatischen Erfolgen nicht wettgemacht werden konnte. In letzter Konsequenz zog sie – nach dem verlorenen Siebenjährigen Krieg – auch den Verlust der polnischen Krone folgerichtig nach sich.

Schon als Canaletto den Prospekt der sächsischen Metropole auf seiner Leinwand verewigte, reichten die für die laufenden Ausgaben durch Brühl eingestellten Mittel nicht einmal mehr zur Quittierung der anstehenden Schuldzinsen des Staates. Als der ihm nach dem Tod seines Gönners Friedrich August II. und der Enthebung von all seinen Ämtern den Prozess machte, stand Brühl schon vor seinem himmlischen Richter. Doch selbst mit dem Toten kam das irdisch-sächsische Gericht nicht zurecht, denn der Staatsminister hatte im Namen seines Königs gehandelt, dessen Autorität für die Juristen tabu war.

Auch die Terrasse (Farbtafel 14), die den Namen Brühl trägt und gern als »Balkon Europas« bezeichnet wird, wäre ohne die Gunst seines Dienstherrn vermutlich nicht entstanden. 1737, in jenem Jahr, in dem der oft als willensschwach und träg charakterisierte Monarch Brühl in den Reichsgrafenstand erhoben hatte, machte er ihm ein Geschenk in Form eines Grundstücks, das zwischen dem Schlossbezirk und den Befestigungswällen an der Elbe in der Augustusstraße lag. Von hier aus nahm die Gestaltung eines »der

Bernardo Bellotto, gen. Canaletto, »Dresden vom rechten Elbufer unterhalb der Augustusbrücke«, Radierung, 1748

schönsten Spaziergänge vor Dresden« – so Benjamin Gottfried Weinart (1751–1813) 1777 in seiner »Topographischen Geschichte der Stadt Dresden« – seinen Ausgang. »Die reizendsten Aussichten unter schattenreichen Alleen von Linden, welche in den schönsten buchenen Hecken eingeschlossen sind, ergötzen bei schöner Witterung unendlich.«[68]

Anders als in Magdeburg, wo man bereits 1724 den sogenannten Fürstenwall als öffentlichen Park auf der Festung zwischen Dom und Elbe angelegt hatte, blieb die Brühlsche Terrasse bis zu den Befreiungskriegen das abgeschlossene »Areal einer exklusiven adeligen Gesellschaft«[69]. Erst 1814 ließ der damals für Sachsen zuständige russische Generalgouverneur durch Hofbaumeister Gottlob Friedrich Thormeyer (1757–1842) die Freitreppe errichten, über die bis heute die meisten Besucher vom Schlossplatz zur Terrasse emporsteigen. Bis dahin existierten Zugänge nur über das Brühlsche Palais und die Bibliothek oder über die Rampe beim 1559 erbauten Zeughaus, die für das Militär vorgesehen war.

Der zwischen 1884 und 1887 erfolgte Umbau des Zeughauses zum heutigen Albertinum markiert in etwa den Beginn der gründerzeitlichen Umgestaltungen der Terrasse, dem fast alle unter Brühl entstandenen Gebäude zum Opfer fielen. Dieser Vorgang ist ein markantes Beispiel für die eigentümlich gelehrte Arroganz des Historismus. Er zerstörte wertvolle historische Bausubstanz und damit die Zeugnisse der eigenen Geschichte, um just diese eigene Geschichte in hypertrophen historisierenden Architekturen neu zu entdecken und zu beschwören. Verloren gingen Beispiele einer »selten glücklichen Über-

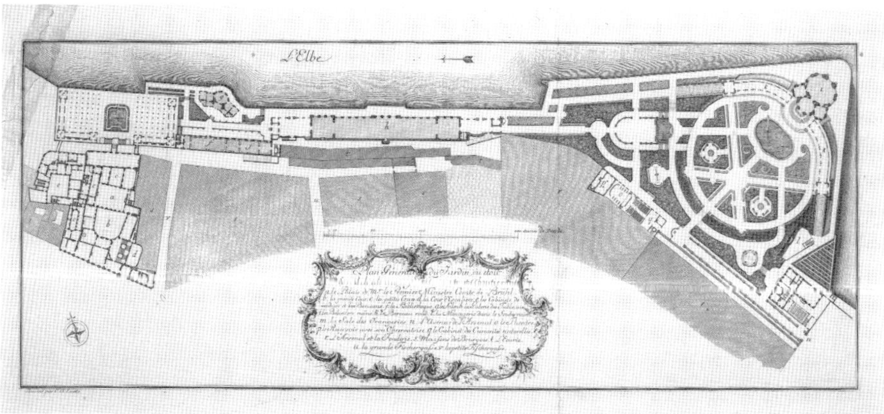

Christian Ambrosius Encke, »Plan der Brühlschen Gebäude und Gartenanlagen auf der Terrasse«, Kupferstich, um 1755

einstimmung«[70] zwischen dem hoch ambitionierten Bauherrn Brühl und Johann Christoph Knöffel, der als Begründer, als Lichtgestalt des Dresdner Rokoko gilt.

Schon das Palais, das sich Brühl unter Verwendung älterer Substanz auf dem oben erwähnten, vom König geschenkten und durch Hinzukäufe vergrößerten Grundstück errichten ließ, war ein Werk Knöffels. Die schmale klassizierende Fassade, mit der es sich Richtung Wall präsentierte, verbarg ein verwinkeltes Gebäudekonglomerat innerhalb eines ebenso verwinkelten Gesamtkomplexes. An seiner Stelle befindet sich seit 1907 das durch Paul Wallot (1841–1912) erbaute Neue Ständehaus.

Den Wall vor seinem Haus stromauf bis zu der vis-à-vis des heutigen Albertinum gelegenen Jungfernbastion respektive Bastion Venus überließ der König seinem Günstling stückweise im Zeitraum von 1738 bis 1748. Um seine Promenade über dem Fluss zu erreichen, ließ Knöffel seinem Bauherrn eine kleine Brücke aus dem zweiten Stock des Palais über die Gasse Zum Klepperstall hinüber zum Wall schlagen. Direkt in deren Achse lag das Wasserbassin, das erst in den 1990er-Jahren wiederentdeckt worden ist. Doch auch die Form der beiden Baumquartiere zu Seiten des Bassins kommt der Brühlschen Diktion dieses Areals recht nahe. Brühl hatte die Baumquartiere allerdings von Laubengängen flankieren lassen, die an der Terrassenbrüstung in kleine Pavillons mündeten.

Wie heute hatte man auch damals im Verlauf der Anlage aus diesem »Vorgarten« einige Stufen hinabzusteigen. Um das Gebäude der sogenannten Sekundogenitur scheint noch am ehesten etwas vom Brühlschen Geist zu wehen. Es beeindruckt durch seine rokokoeske Eleganz und seine maßvollen Dimensionen, doch handelt es sich auch hier um eine – zugegeben einfühlsame – Reminiszenz des Hofbaumeisters Gustav Fröhlich (1859–1933) aus dem Ende des 19. Jahrhunderts.

Die Bibliothek Brühls, die sich ursprünglich an dieser Stelle befand und die später lange Zeit als Kunstakademie genutzt wurde, war dagegen ein geradezu funktional anmutender Bau. Sie barg 62 000 Bände und gehörte nach denen in Leipzig und Wittenberg zu den bedeutendsten in Sachsen.

Gegenüber dem Bibliotheksgebäude, in der stumpfen, gerundeten Ecke der als Piatta Forme bezeichneten Auskragung des Festungskörpers, ließ der Graf sich von Knöffel einen kleinen Garten- beziehungsweise Aussichtspavillon einpassen, der seit 1828 die Königlich-Technische Bildungsanstalt beherbergte, danach von Ernst Rietschel als Atelier genutzt und nach dessen Tod 1872 abgebrochen wurde.

Um Baufreiheit für die neue Kunstakademie und das Ausstellungsgebäude des Neuen sächsischen Kunstvereins zu erhalten, brach man zwölf Jahre später auch das von Knöffel geschaffene Galeriegebäude ab. Der langgestreckte Baukörper, der durch seine Eleganz und Wohlproportioniertheit ebenso bestach wie durch seine Funktionalität und die formale, sich nur wenige Schmuckelemente erlaubende Strenge, bildete das die ganze Anlage ausbalancierende, ästhetische Zentrum der Terrasse. Offene Bogenarchitekturen verknüpften es mit der flussab beziehungsweise flussauf liegenden Gartenpartie, so dass die Galerie auch die Funktion eines Durchgangs, einer im doppelten Sinn des Wortes kunstvollen Passage besaß.

Hier waren Bilder von Rembrandt (1606–1669) und Rubens (1577–1640), vor allem aber von Canaletto zu sehen, also Gegenwartskunst, in der man die eigene Lebenswelt gespiegelt fand. Der venezianische Maler, der 1747 an den sächsischen Hof gekommen war, hatte monatlich ein Bild für seinen Dienstherrn zu malen. Von vielen dieser Gemälde erhielt der Premierminister jeweils eine Replik, so dass man die Brühlsche Galerie spöttisch als »Doublettensaal« abzuqualifizieren versucht hat. Diese negative Bewertung hinderte die russische Zarin Katharina II. (1729–1796) allerdings nicht daran, nach Brühls Tod einen Großteil seiner an die 850 Bilder umfassenden Sammlung zu erwerben.

Canaletto nahm seine Motive mit einer Camera obscura, also einer Lochkamera, von der Wirklichkeit ab und übertrug die gewonnenen Zeichnungen mit einem Gitternetz auf die Leinwand. Das ist ein wesentlicher Grund dafür, dass seine Bilder neben ihrer Bedeutung als Kunstwerke einen unschätzbaren dokumentarischen Wert besitzen. Dementsprechend lässt sich auf dem oben erwähnten Gemälde links des Galeriegebäudes nur der geometrische Erdkörper der Jungfernbastei ausmachen. Erst zu dem Zeitpunkt, in dem Canaletto dieses Bildnis schuf, erhielt Brühl das Areal der Jungfernbastei respektive Bastion Venus als letzte Erweiterung für seine Terrasse. Hier entstand in den folgenden Jahren nun jener Teil der Anlage, den man im engeren Sinn als den Brühlschen Garten bezeichnet hat. Außer einer Ahnung, die das Geländerelief von der barocken Gartenanlage evoziert, blieb davon nur der Delphinbrunnen von Pierre Coudray (1713–1770).

Vom berühmten Belvedere, das sich Brühl 1751 auf der Spitze der Bastion erbauen ließ, überlebten allein zwei Sphinxen, die einst zu beiden Seiten des Eingangs postiert waren und jedem Besucher das Rätsel aufgaben, dessen Lösung »der Mensch« heißt. Dieses Belvedere wurde an der Stelle eines kurfürstlichen Lusthauses errichtet, das vermutlich schon seit dem 16. Jahrhundert hier gestanden hatte und ein Jahr vor der Übernahme durch Brühl durch eine von einem Blitzschlag ausgelöste Explosion zerstört worden war. Kein gutes Omen für den Neubau, den zwölf Jahre später ein ähnliches Schicksal traf. »Diese Zierde Dresdens, die kostbare Perle der Architektur«, so hieß es im Nachhinein, sei »auf Befehl seiner Majestät des Königs von Preußen«[71] demoliert worden, ein Akt, dem Friedrich II. vom gegenüberliegenden Elbufer aus zugesehen haben soll, wie er auch andernorts Brühlsche Besitzungen ganz gezielt plündern ließ.

Die exponierte Lage, die einen weiten Blick ins Elbtal erlaubt, provozierte Neubauten. Das 1814 nach einem Entwurf von Christian Friedrich Schuricht (1753–1832) errichtete tempelartige Belvedere wurde bald als zu klein empfunden und wieder abgerissen. Der zweigeschossige luxuriöse Neubau mit Gesellschaftssälen und Restaurationen, der nach Plänen von Otto von Wolframsdorf (1803–1849) 1842 auf die längst nicht mehr militärisch genutzte Bastion gesetzt wurde, ging in der Bombennacht des 13. Februar 1945 unter.

Wellen im Spiegel des Flusses – Pillnitz

Die Geschichte von Pillnitz (Farbtafeln 15 und 16) als einer kursächsischen Besitzung begann, so könnte man sagen, mit Kabale und Liebe, aber jedenfalls mit einem handfesten Skandal. Er endete in einer Tragödie, die wiederum in gewisser Weise ein Glück für Sachsen war.

Nachdem zwei seiner Vorgänger im Amt schon 1578 und 1608 erfolglos versucht hatten, die Herrschaft Pillnitz in landesherrlichen Besitz zu bekommen, schien der 1691 auf den Thron gehobene Johann Georg IV. mit mehr Fortune am Werk. Bereits am 31. Januar 1694 unterschrieb er den Kaufvertrag für das begehrte Anwesen, freilich um das eben Errungene nicht einmal einen Monat später seiner schönen, aber als geistlos geltenden Mätresse Magdalena Sibylle von Neitschütz (1675–1694) zu übereignen. Zur Reichsgräfin von Rochlitz war die 18-Jährige von ihrem fürstlichen Galan bereits erhoben worden. Die Kurfürstin jedoch – sie war sechs Jahre älter als ihr Gatte und hatte einen Ehemann bereits überlebt – schien nicht gewillt, die Eskapaden Johann Georgs zu dulden. Sie stellte ihn so entschieden zur Rede, dass er sie in seinem Jähzorn erstochen hätte, wenn ihm sein jüngerer Bruder nicht »3 Degen nach einander aus der Hand gerissen«[72] hätte.

Zu diesem Zeitpunkt ahnte dieser jüngere Bruder, Friedrich August, noch nicht, dass er wenige Wochen später selbst zum Kurfürsten gekrönt werden würde. Und auch er sollte Pillnitz einst zum Geschenk für eine Mätresse machen, wenn er es auch geschickter anstellte und Gräfin Anna Constanze von Cosel die Neitschütz an Bildung und Klugheit weit übertraf.

Magdalena Sibylle von Neitschütz starb schon am 4. April 1694 an Blattern und Johann Georg, der sich bei ihr angesteckt hatte, folgte ihr auf dem Fuß. Der frisch gekrönte Kurfürst Friedrich August I. ließ die Herrschaft Pillnitz einziehen und einen Prozess anstrengen, in welcher er der Mutter und der Verwandtschaft der Neitschütz die »Behexung« seines verstorbenen Bruders vorwarf, was natürlich ein juristischer Winkelzug war.

Auch der in Ungnade gefallenen Cosel sollte man später, um 1714, Zaubereien, das Brauen geheimer Drogen und die Anstiftung zum Diebstahl eines Totenschädels vorwerfen. Im Dezember 1713 war ihr das acht Jahre zuvor als »Morgengabe« überlassene Pillnitz von August dem Starken zum Wohnort befohlen worden, was einer Verbannung vom Hof gleichkam. Da sie sich jedoch nicht zu fügen gedachte, sich gegen die Verhandlungen um die Rückgabe von Dokumenten und Besitzungen sträubte und schließlich nach Preußen floh, musste man sie als ernsthaftes politisches Risiko betrachten und den Verrat von Staatsgeheimnissen fürchten.

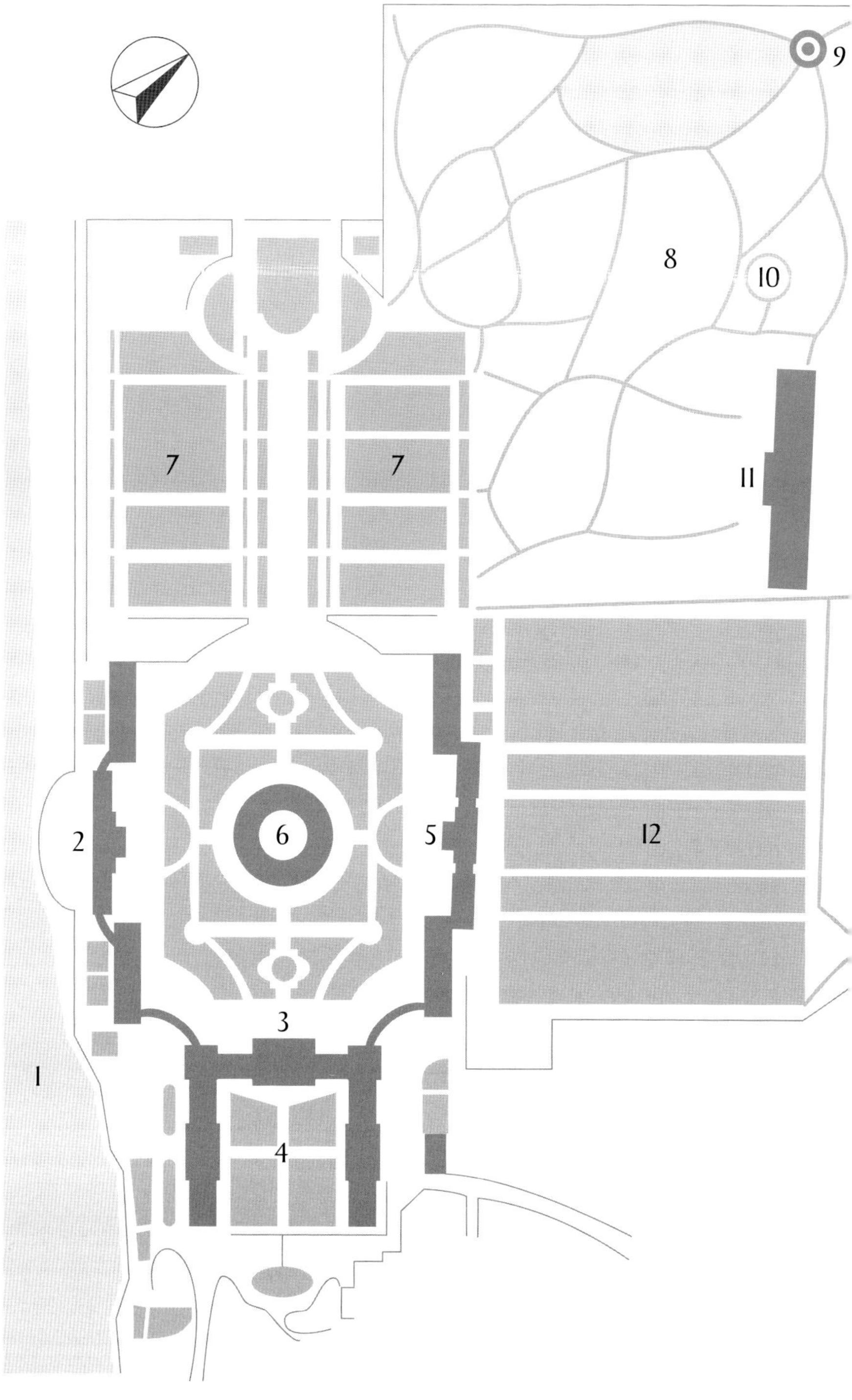

9
8
10
7
7
11
2
6
5
12
3
1
4

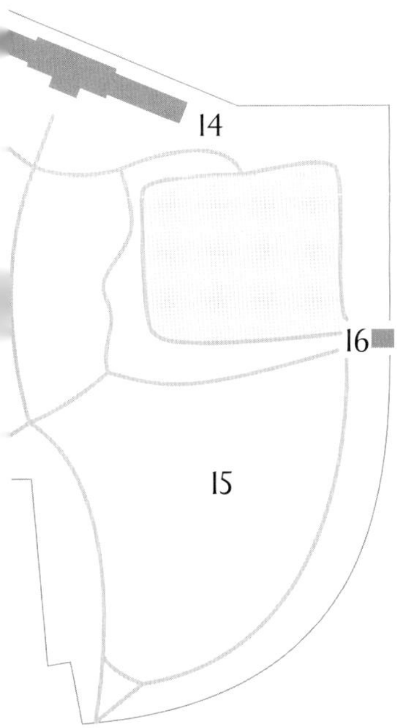

1 Elbe
2 Wasserpalais
3 Neues Palais
4 Fliederhof
5 Bergpalais
6 Lustgarten
7 Heckenquartiere (Charmillen)
8 Englischer Garten
9 Englischer Pavillon
10 Kamelienhaus
11 Orangerie
12 Großer Schlossgarten
13 Holländischer Garten
14 Palmenhaus
15 Chinesischer Garten
16 Chinesischer Pavillon

Im Tausch gegen preußische Deserteure lieferte Berlin die Cosel schließlich aus. Zu Weihnachten Anno 1716 ließ ihr ehemaliger Geliebter sie als seine Gefangene auf Burg Stolpen bringen, wo sie die restlichen 49 Jahre ihres Lebens zubrachte. Von den geforderten 5 000 Talern an jährlicher Entschädigung erstritt sie gegen den König immerhin 3602 Taler, 15 Groschen und 9,5 Pfennige, die Jahreseinkünfte ihrer verlorenen Pillnitzer Herrschaft.

Als einziges überliefertes Zeugnis für das Wirken der Cosel auf Pillnitz gelten die sogenannten Charmillen, jene aus hohen Weißbuchen bestehenden labyrinthartigen Heckenquartiere, die man in den Jahren 1712 und 13 zwischen dem Meixbach und dem alten Lustgarten anzulegen begann. Zu diesem Lustgarten gehörten zwei kleine Gartenhäuser. Eines ihrer Fundamente hat sich im »Löwenkopf« am Wasserpalais erhalten. Der Obelisk, der auf seinem Plateau steht, stammt vom Alten Schloss, das 1818 ausbrannte und daraufhin abgebrochen wurde. Die verwinkelte, im Wesentlichen wohl aus dem 16. und dem 17. Jahrhundert stammende Anlage befand sich auf dem Areal, auf welchem nach dem Brand das Neue Palais errichtet worden ist.

Jedes Konzept, das zur Neugestaltung des Pillnitzer Schlossgeländes von den Architekten unter August dem Starken aufs Papier gebracht wurde, sah die Liquidierung des Alten Schlosses vor. Die Dimensionen, in denen der König planen ließ, grenzten – man möchte schon sagen, wie immer – an Gigantomanie. Eine um 1720 datierte Grafitzeichnung zeigt eine Anlage, die sich vom Elbufer bis an die Talkante der rückwärtigen Höhenzüge erstrecken sollte. Neben zahlreichen kleineren Architekturen, Palais und Kavalierhäusern erhob sich im Zentrum des rechteckigen, durch ein großes Achsenkreuz strukturierten Parks ein Schloss in Gestalt eines vom König immer wieder ins Spiel gebrachten Zentralbaus, mit vier Ecktürmen und einem alles überragenden Mittelturm. Eine zweite, um 1722 entwickelte Gesamtkonzeption verkleinerte die Grundfläche der Anlage um etwa ein Drittel und verlegte deren am Flussufer orientierte Hauptachse auf jene, die später tatsächlich realisiert worden ist. Der gleichfalls auf quadratischem Grundriss geplante Schlossbau wäre danach in Höhe der heutigen Fährstelle auf der Baumallee errichtet worden, die in Richtung Hosterwitz führt. Ein dritter, 1724 von Zacharias Longuelune aufs Papier gebrachter und vom König bestätigter Plan, entwarf das königliche Haus auf einem H-förmigen Grundriss.

Zwar blieb auch dieses Projekt Papier. Der barocken Anlage, die unter August dem Starken schließlich realisiert worden ist und die aus vier, relativ eigenständigen Quadraten bestand, kommt der Plan Longuelunes dennoch ziemlich nahe. Das ist kein Wunder, denn in vielen Fällen dokumentierte er ja bereits Bestehendes.

Ebenso wie im Fall des Zwingergartens existierte auch für die Neugestaltung der Pillnitzer Gartenanlage kein durchgearbeiteter, verbindlicher Entwurf. Vielmehr entwickelte

Schloss Pillnitz, Fassadenmalerei am Bergpalais

sich das Projekt gleichsam »in progress«, wie man heute sagen würde, auf der Basis einer noch unklaren künstlerischen Konzeption, im Kräftespiel zwischen künstlerischem Wollen, den oft drängenden Anforderungen, die der hofische Festkalender stellte, schwankenden Finanzen und dem Interesse des Bauherrn. Bezüglich der Pillnitzer Anlagen begann Letzteres bei Friedrich August I. leider bereits nach 1727 merklich zu erlahmen.

Zwischen Wasser- und Bergpalais

Das Interesse für orientalisches respektive asiatisches Formengut kam in Dresden nicht von ungefähr. Schon das 1706 für die Cosel begonnene Taschenbergpalais hatte eine »türkische« Ausstattung erhalten. Angeregt durch kuriose Reisebeschreibungen fremder, weit entlegener Länder und Nationen hatte August der Starke zur gleichen Zeit seinem Goldschmied Johann Melchior Dinglinger (1664–1731) den Auftrag erteilt, eine miniaturisierte Darstellung vom »Hofhalt des Großmoguls Aurang-Zeb an seinem Geburtstage« herzustellen. Sie entfaltet noch heute im Grünen Gewölbe ihren merkwürdigen, aus Phantasie und Kenntnis gemischten Zauber. Schließlich muss auf die vom König selbst so bezeichnete »maladie de porcelain« verwiesen werden. Sie bescherte Dresden die größte Porzellansammlung Europas und die bedeutendste Sammlung japanischen Porzellans außerhalb Japans.

Inwiefern diese repräsentativen Liebhabereien auf einer geistigen Auseinandersetzung mit dem Gegenstand beruhten, ist indessen schwer zu beurteilen. Doch gründet etwa die Tatsache, dass Friedrich August I. den roten Drachen, das Symbol einer kosmologisch begründeten Herrschaft, zur Kennzeichnung seines Hausporzellans verwendet wissen wollte, sicher nicht auf einem Zufall.

Nach den Berichten Marco Polos (um 1254–1324), deren Authentizität inzwischen bestritten wird, waren es im 17. Jahrhundert vor allem jesuitische Missionare, die das Chinabild der Europäer prägten. Sie beschrieben ein hochkultiviertes, ideales Staatswesen. Durch diese zum Zweck ihrer Missionsabsichten geschönten Berichte hindurch erblickte der Universalgelehrte Gottfried Wilhelm Leibniz (1646–1716) in China ein befruchtendes Pendant für Europa. Statt des rasant wachsenden Handels mit diesem Reich, das für ihn am entgegengesetzten Ende der Erde lag, erhoffte sich Leibniz vor allem geistigen und wissenschaftlichen Austausch. Der französische Physiokrat Quesnay (1694–1774) empfahl noch in der zweiten Hälfte des 18. Jahrhunderts den chinesischen Despotismus als Gesellschaftsmodell für Europa. Voltaire (1694–1778) verherrlichte das ferne Land als »Dorado vortrefflicher Sitte, Religion und Verwaltung« und viele Romane entführten den Leser in ein Märchenreich, »wo ein glückliches heiteres Volk unter gelehrten Fürsten ein paradiesisches Dasein genoß«.[73]

Als einen der glücklichsten Umstände, welcher die Projektierung der »orientalischen Lustgebäude« in Pillnitz prägte, könnte man die Tatsache bezeichnen, dass Pöppelmann und sein Bauherr im Grunde nichts über die Konstruktion und wenig über die Gestalt solcher Bauwerke wussten. Natürlich werden sie von der als achtes Weltwunder gepriesenen Pagode von Nanking gehört haben, die Ludwig XIV. zu seinem Trianon de Porcelain inspiriert hatte. Allerdings war man in Versailles gezwungen gewesen, die Außenverkleidung mit Porzellan, das man »als ein chinesisches Charakteristikum ersten Ranges«[74] begriff, durch Fayenceplatten zu imitieren. Was jedoch die architektonische Gestalt dieser schon 1687 wieder abgebrochenen Gebäudegruppe betraf, besaß sie nichts, was man als typisch chinesisch hätte bezeichnen können.

Genau an diesem Punkt aber konzentrierten sich die Überlegungen Pöppelmanns bezüglich der vornehmlich auf die Fernsicht vom Fluss her konzipierten Gebäudegruppe in Pillnitz. Hier musste das geschweifte Dach als das augenfälligste bekannte Merkmal dominieren. Und so wurde die Frage, »wie das Dach auf orientalische Weise anzubringen sei«, zum Kernproblem des Pillnitzer Palaisbaus.[75]

Da der Weg bloßer Nachahmung auf Grund mangelnder Kenntnis des Vorbildes verstellt war, blieb Pöppelmann nur der Rückgriff auf eigene Gestaltungserfahrungen. Das Walmdach, das in der zeitgenössischen Architektur auch als zum Mansardendach ausgebautes »doppeltes« Walmdach und in einer in seinem unteren Drittel über der Dachtraufe ausschwingenden Form gebräuchlich war, bot einen fruchtbaren Ansatz. Durch die Verschmelzung mit einer – man könnte sagen – bezähmten Linie ostasiatischer Provenienz gelang Pöppelmann eine Dacharchitektur von klassisch zu nennender Beschwingtheit, ein kleiner Geniestreich. Lustvoll ausschwingende Dachform und große Hohlkehle motivieren einander. Diese große Hohlkehle leitet überdies nicht nur zu dem aus einem Haupt- und einem Mezzaningeschoss bestehenden Gebäudekörper über, sondern erzeugt gemeinsam mit dem Dach eine Traufllinie, deren expansive horizontale Kraft das ganze Ensemble gleichsam in der Luft zu verankern und in eine Art von stationärem Schwebezustand zu versetzen scheint. Die Balkone und der terrassenartige Umgang über dem nur elbseitig sichtbaren Souterrain, in den auch die späteren Erweiterungsbauten eingebunden worden sind, verstärken diesen Eindruck.

Die Wirkung der großen Form bleibt weitgehend ungestört, weil Pöppelmann sich bezüglich der plastischen Ausschmückung und Überformung der Gebäude in nobler Zurückhaltung übte. Kaum, dass die Putzlisenen zu spüren sind, mit denen er die Gebäude vorsichtig von den Ecken her zusammenfasste und zentrierte. Additiv wurden Rahmungen und Putzspiegel nebeneinander gesetzt und nur die Portalzonen gestalterisch deutlicher aufgewertet. Auf der Elbseite geschah das vor allem durch den plastischen Schmuck der zentralen Zugänge im Souterrain und die vier Bahnen mit Malereien, die an den Obergeschossen zu sehen sind. Auf der Gartenseite tritt an dieser Stelle ein säulengestützter, überdachter Portikus vor den Baukörper. Trotz dieses an sich bestimmenden Architekturteils geht aber die Anmutung einer grafischen, ja geradezu transparent erscheinenden Fassadengestalt nicht verloren. Getragen wird sie im Wesentlichen durch die betont zweidimensionalen Malereien in den Hohlkehlen und auf den Putzspiegeln, welche als einzige Elemente unmittelbar auf historische Vorlagen zurückgehen. In den Farben und bildlichen Sujets der chinesischen Porzellanmalerei ist es hier tatsächlich gelungen, jene Wirkung von Transparenz und Leichtigkeit zu erzeugen, die das Faszinosum der Malerei auf Porzellan selbst ausmacht.

Pillnitz in dieser Gestalt ist sicher nicht die »geistlose […] Nachahmung des chinesischen Zopfes«, zu dem Semper es abzuqualifizieren suchte.[76] Vielmehr ist es ein in all seiner Komplexität und Widersprüchlichkeit authentisches architektonisches Zeugnis eines gleichsam unter dem verheißungsvollen Anhauch jener fernen Welt noch weitgehend naiv sich öffnenden europäischen Bewusstseins.

Im Sommer 1721 müssen die drei Pavillons des Wasserpalais (Farbtafel 15) weitgehend fertiggestellt gewesen sein. Doch ist beispielsweise die elbseitige Terrasse und der obere Teil der Treppe erst ab Herbst dieses Jahres verlegt worden. Die große, bis in das Wasser hinabführende, von Zacharias Longuelune entworfene Freitreppe mit den zwei Sphinxen auf den Wangenmauern hat man gar erst 1725 realisiert. Und auch die Verbindung der drei Pavillons ist erst nach 1721, und dann zunächst durch eingeschossige Galeriebauten, bewerkstelligt worden. Ihre heutige Form erhielten sie, nachdem zwischen 1789 und 1791 anstelle der das Ensemble flankierenden einstöckigen Langbauten, welche zuletzt der Aufbewahrung der im Garten benutzten Spiele gedient hatten, die massiven Flügelbauten entstanden waren. Um eine Gebäudetiefe zurücktretend, rahmen sie das Wasserpalais in klassizistischer Distanziertheit. Sie sind die einzigen Ergebnisse viel weiter gehender Umbaupläne aus der zweiten Hälfte des 18. Jahrhunderts, die glücklicherweise an den nötigen Finanzen scheiterten.

Erster Zieltermin des Pillnitzer Schloss-Garten-Projektes war der 3. August 1721, der Tag des Stiftungsfestes für den polnischen »Orden vom Weißen Adler«. Der gekrönte Adler der Wetterfahne auf dem Palais und die Darstellungen des Ordens an den Kompositkapitellen seines Portals zeugen noch davon. Es ist durchaus möglich, dass hinter dieser deutlichen Bezugnahme die Absicht stand, das Fest und den damit verbundenen politischen Anspruch dauerhaft in Pillnitz zu etablieren. Das würde auch die ersten für diesen Ort konzipierten Pläne in einem anderen Licht erscheinen lassen. Weswegen diese Funktion dann auf das 1723 durch den König erworbene Großseedlitz überging und dort noch gigantischere Planungen ausgelöst hat, ist unbekannt. Bemerkenswert aber ist, dass Pillnitz sich gerade seit 1723 merklich zu einem Ort des Spiels und intimerer Festlichkeiten für den sächsischen Hof und seine Gäste entwickelte. Nach und nach wurde er zu dem Garten, in dem sich neben »kostbaren orientalischen Kunst-, Lust- und Wundergebäuden« viele »die Zeit verkürzende Lust-Spiele, ein nettes Comedien-Haus, ein wohlangelegter

Johann Alexander Thiele, »Prospect von dem Königlichen Lust Schloss Pillnitz an der Elbe und umliegenden Gegend wie sich solches gegen Mittag Presentiret«, Radierung, 1726

Platz zum Carusel- und Ringelrennen, zum Scheiben-, Bogen- und Schnepper-Schießen« sowie »allerhand lusterweckende Kunstmaschinen, Schwangsäulen [und] Drehräder«[77] befanden. So jedenfalls schrieb der Geograf Johann Hermann Dielhelm (um 1710–1784) 1741 in seinem »Antiquarius des Elb-Stroms«.

Mit dem um 1723 begonnenen Bau des mit dem Wasserpalais fast identischen Bergpalais (Farbtafel 16) entstand zunächst jene bis heute existierende, reizvolle und zugleich irritierende Spiegelsituation. Verunsichernd wirkt sie durch den hohen Grad der Differenzierung des gedoubelten Gebäudes. Man empfindet es als höchst individuell und hält es aus diesem Grund eigentlich für nicht wiederholbar. Das ist eine Situation, die sich erst durch einen diesbezüglich weit gewichtigeren Schlossbau geklärt hätte, als das Neue Palais ihn darstellt, das heute diese Hauptachse des Parks schließt.

Auch das Gewicht der gärtnerischen Gestaltung des zwischen Wasser- und Bergpalais liegenden Parterres mag zusätzlich zu dieser ästhetischen Verunklarung beitragen. Diese geht auf die zweite Hälfte des 19. Jahrhunderts zurück und beruht bei aller Schönheit, die sie an sich besitzt, auf einem für die Zeit typischen Missverständnis. Sie versucht sich in die umgebende Architektur einzufühlen, mit ihr zu schwingen, ihre Formen zu adaptieren, anstatt sie zu kontrastieren.

Das barocke Parterre war in seiner durch ein Achsenkreuz bestimmten strengen Grundstruktur dem des Zwingergartens verwandt. Auch hier hatte man um das Rund, das den Schnittpunkt der Hauptachsen barg, vier Wasserbassins mit Fontänen angelegt. Die übrigen 12 der insgesamt 16 Gartensegmente wurden von runden beziehungsweise eckigen, durch unterschiedlich gestaltete Broderien gerahmten Spielflächen besetzt.

Auch die aus der Cosel-Zeit stammenden, nordwestlich des Schlossparterres zu beiden Seiten der Hauptachse liegenden Charmillen waren mit viel Raffinement zu Spielquartieren umgestaltet worden. Den aus Richtung Dresden/Hosterwitz durch die 1725 angelegte Kastanienallee anreisenden Besuchern eröffnete sich nach dem Verlassen der Allee und dem Durchfahren des Eingangsovals ein überaus reizvolles Bild.

Beide Seiten des Weges flankierten schmale Kanäle, aus denen in regelmäßigen Abständen sogenannte Wasserlichter emporschossen. Dahinter zog sich eine Hecke entlang, in der sich nicht nur die Durchlässe zu den eigentlichen, von übermannshohen Buchenwänden umgebenen Spielquartieren befanden, sondern auf jeder Seite auch fünf, zwischen steinernen Säulen schwingende Luftschaukeln, auf denen sich die weiten Röcke der Damen blähten.

Schon um diesem Entree einen angemessenen Point de vue zu geben, hätte es eines neuen Schlosses an der südöstlichen Flanke des Gartenparterres bedurft. Aber, wie gesagt, alle diesbezüglichen Pläne blieben unausgeführt. Es bedurfte erst einer Brandkatastrophe, damit dieser Neubau nach fast einhundert Jahren Realität wurde, dann allerdings in

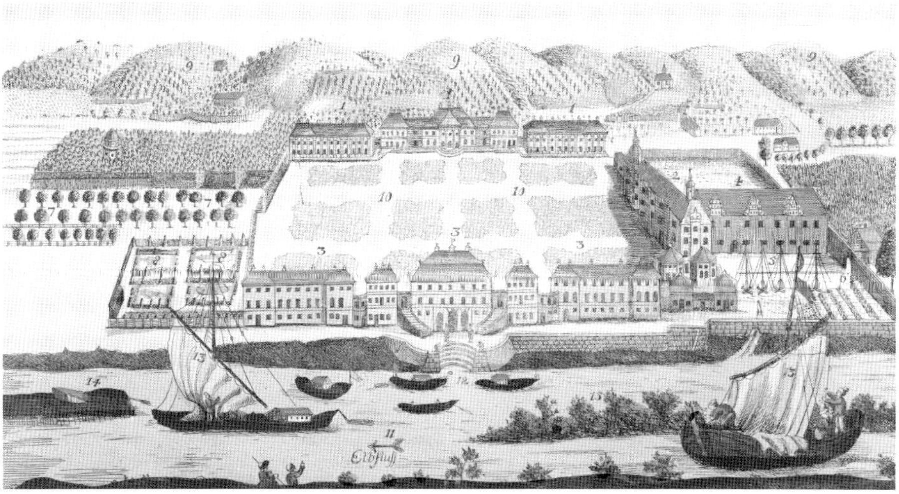

»Ansicht von Schloss Pillnitz gegen die Weinberge, Vogelschau«, Kupferstich, um 1805

einer anderen Form als der einst projektierten. Bis dahin bildete das alte verwinkelte Renaissanceschloss einen merkwürdigen Kontrast zu diesem gänzlich dem Spiel gewidmeten Terrain.

Um das Parterre in der beschriebenen Form realisieren zu können, ließ August der Starke 1723 zunächst die spätgotische Schlosskirche abbrechen. Sie hatte südwestlich des Schlosses innerhalb des zugehörigen Kirchhofes gestanden. Einige Grabplatten, die Taufe und der Altar wurden in die am östlichen Ortsrand gelegene, als Ersatzbau dienende Weinbergkirche übernommen, die man 1723 bis 1727 nach Pöppelmanns Plänen errichtete.

Auf dem Gelände des einstigen Kirchhofes aber wurde bald nicht nur gespielt, sondern auch festlich getafelt. Der 1724 am Rand der Anlage in einfacher Fachwerkbauweise geschaffene Speisesaal geriet jedoch wegen seiner Ausstattung mit Bildnissen mehrheitlich als leichtlebig geltender Damen sofort als »Venustempel« ins öffentliche Zwielicht. Diesen Ruf konnte auch die in einem der Seitenpavillons des Speisesaals untergebrachte katholische Hofkapelle nicht revidieren.

Selbst der Name verschwand erst, als am 1. Mai 1818 auch dieses Gebäude während des schon erwähnten Schlossbrandes unterging. Da war jedoch der Geist, der den »Tempel« einst erbaut hatte, längst aus Pillnitz verschwunden. Nein, das neue Schloss erstand nicht hinter einer Reihe zwischen Springstrahlen auf und nieder schwingender Damenröcke. Dafür sorgte schon der amtierende Hausherr.

Kurfürst Friedrich August III. war nach der kurzen Regierung seines Vaters 1763 an die Macht gelangt, doch musste der noch Minderjährige zunächst von seinem Onkel und seiner Mutter vertreten werden. Er stellte in jeder Hinsicht das ganze Gegenteil seines Urgroßvaters dar. Dass er als nüchtern, volksfremd und öffentlichkeitsscheu charakterisiert wird, ist schon erwähnt worden. Nach innen standesbewusst und sparsam, nach außen zaghaft und wenig glücklich agierend, war er in den Pillnitzer Sommern alt geworden und kinderlos geblieben. Durch Napoleon 1806 zum Königreich erhoben, verlor Sachsen im Ergebnis des Wiener Kongresses 1815 unter seiner Herrschaft über die Hälfte seines Territoriums. Von den Künsten soll es nur die Musik gewesen sein, für die er sich öffnen konnte. Auch die Baulust Augusts des Starken hatte er nicht geerbt, er drechselte gern.

Insofern ist die Entscheidung des fast Siebzigjährigen schon bemerkenswert, unmittelbar nach dem Brand den Oberlandbaumeister, Christian Friedrich Schuricht, mit dem Entwurf eines neuen Schlosses zu beauftragen. Die Grundsteinlegung folgte im Herbst 1818 und im folgenden Frühjahr begann man zu bauen, so dass der das Parterre abschließende Hauptflügel bereits im Herbst 1822, der Küchenflügel 1823 und der Flügel, in dem sich die neue Hofkapelle befand, 1826 fertiggestellt waren. Die Ausstattung der kleinen Kapelle allerdings zog sich noch vier Jahre hin, folglich erlebte der König, der 1827 starb, die komplette Fertigstellung des Palais nicht mehr.

Sowohl die Malereien des Festsaales als auch die der Schlosskapelle gehen auf Carl Christian Vogel (ab 1831 von Vogelstein, 1788–1868) zurück. Nach einem mehrjährigen Aufenthalt in Rom war er 1820 wohl auf Grund seiner guten Verbindungen zum sächsischen Hof nach Dresden berufen worden, um hier an der Akademie die Professorenstelle des ermordeten Gerhard von Kügelgen (1772–1820) zu übernehmen. Gleichzeitig übertrug man ihm den Auftrag zur Ausmalung des Pillnitzer Festsaales.

Was den in der Kunstgeschichte insbesondere wegen seiner Porträtkunst geschätzten Maler für diese Aufgabe prädestinierte, scheinen zunächst vor allem seine Kenntnisse der Freskomalerei gewesen zu sein. Die dazu notwendigen Fertigkeiten galten in Sachsen als so gut wie verloren.

Wahrscheinlich aber spielte von Anfang an auch seine geistig-künstlerische Nähe zu den später unter dem Stilbegriff der Nazarener subsumierten Künstlern eine Rolle, bei denen Vogel die Malerei al fresco während seiner römischen Jahre hatte studieren können. Friedrich Overbeck (1789–1869), Peter von Cornelius (1783–1867) und Julius Schnorr von Carolsfeld (1794–1872) gehörten zu ihrem harten Kern. Im Rückgriff auf die deutsche, aber insbesondere auch die italienische Renaissance strebten sie nach einer Erneuerung der Kunst auf religiöser Grundlage. Zwei Großaufträge für Fresken, die sie für den preußischen Konsul Bartholdy (1778–1825) und den zum römischen Hochadel zählenden Marchese Massimo ausführten, brachten ihnen auch in Deutschland den Durchbruch. Die einst abgelehnten Künstler profitierten vom Aufkommen eines romantischen Nationalismus und besetzten um 1820 ihre ersten Akademieposten.

Noch ehe Carl Christian Vogel seine Arbeit beendet hatte, ließ Karl August Böttiger (1760–1835), einer der wichtigsten Wortführer des Dresdner Geisteslebens, die neue, religiös gestimmte Erhabenheit von Vogels Bildern feiern. In einer durch ihn herausgegebenen Zeitschrift pries man sie als Rettung vor den »Toilettenkünste[n] unserer geleckten Kleinmalerei«, die »den Sinn für alles großartige nach und nach verloren« habe.[78] Die 1824 erfolgte Ernennung Vogels zum Hofmaler und der Folgeauftrag für die Schlosskapelle bestätigten, dass auch der sächsische Hof dieses Urteil goutierte. Ein besonderes Gewicht kommt ihm überdies dadurch zu, dass die Kapelle und der Festsaal die einzigen Räume im Neuen Palais blieben, die überhaupt eine gesonderte künstlerische Ausstattung erhielten.

Vogels Darstellungen zum Marienleben, die er bis 1829 für die Schlosskapelle schuf, scheinen im Rahmen des für einen solchen Ort Üblichen zu liegen. Ein deutlich programmatischer Impetus spricht dagegen aus den Fresken des Festsaals. Der Saal zählt zu den »bedeutendsten Schöpfungen des Dresdner Spätklassizismus« und ist der einzige klassizistische Kuppelbau der Stadt überhaupt.[79]

Während sein Äußeres sich vermittels seiner chinoisen Dachlandschaft gleichsam zu verbeugen scheint vor dem augusteischen Geist des Ortes, herrscht im Inneren ein reiner, wenn auch etwas bieder anmutender, kulissenhafter Klassizismus. Die frei vor die Innenwände gestellten, ein reich stuckiertes Gebälk tragenden korinthischen Säulen müssen die kassettierte, von oben durch eine offene Laterne erhellte Kuppel nicht tragen, denn es handelt sich hierbei um eine Hängekonstruktion.

Auf den Lünetten und Zwickelfeldern, die zwischen dem Quadrat des Gebälks und dem Kuppelrund vermitteln, hatte Vogel seine Fresken zu realisieren. Nicht Herrscherlob, sondern – ganz dem aktuellen Zeitgeist der Aufklärung verpflichtet – die schönen Künste bilden den Gegenstand der Darstellungen. In den Lünetten sind das Allegorien der Architektur, der Malerei, der Bildhauerei und der Musik, welche durch Bildnisse verehrter historischer Exponenten dieser Kunstgattungen ergänzt werden. Nur Mozart durchbricht den Reigen spätmittelalterlicher und antiker Künstler. Die Aussage des Bildprogramms liegt aber nicht in einer Apotheose der Künste an sich. Diese Künste sollen nicht nur durch Philosophie und Anmut veredelt, sondern vor allem von Liebe durchdrungen sein. Dementsprechend erscheinen die Allegorien der Liebe, der Anmut und der Philosophie neben jener der Poesie in den Gewölbezwickeln zwischen den Lünetten und verbinden diese.

Wenn das vielleicht auch nicht die Gedanken des greisen Königs waren, in der Qualität ihrer Weltfremdheit haben Vogels Schöpfungen ihm vielleicht ebenso nahe gestanden wie die chinoisen Palais, in denen er seit 1765 Sommer für Sommer Quartier genommen hatte.

Die Pillnitzer »Gartenrevolution«

Nach den Festwochen, die anlässlich der Hochzeit der Cosel-Tochter Auguste Constantia (1708–1728) mit dem Königlichen Oberfalkenmeister Heinrich Friedrich Graf von Friesen (1681–1739) stattfanden, ist Pillnitz zwar noch zweimal zum Festort fürstlicher Hochzeiten erkoren worden. Das dreiwöchige barocke Happening, das August der Starke für seine Tochter im Sommer 1725 hier über die Bühne gehen ließ, blieb aber für das zwischen China und Venedig changierende Spielgebilde der phantastische Höhepunkt in einer nicht wiederholbaren historischen Konstellation.

Neben dem immensen materiellen Aufwand bestachen die Hoffeste unter August dem Starken vor allem dadurch, dass sie zwischen dem ehernen Gang der Planeten und dem derben Bauernspaß die ganze Spannweite der menschlichen Existenz einzubeziehen versuchten. Und selbst den eigenen Stand setzten sie spielerisch in Szene. Dazu gehörten Jagden, Wettschießen und Ausflüge ebenso wie Konzerte und Theateraufführungen. Für die sogenannten Bauern-Divertissements, bei denen neben eigens dafür engagierten Schauspielern und Musikern immer auch Angehörige des Hofes und die dörfliche Bevölkerung einbezogen wurden, hatte man westlich des Schlossgartens ein aus über dreißig Holzhäusern bestehendes »Französisches Dorf« erbauen lassen. Und das über mehrere Tage sich hinziehende, im Wesentlichen von Einheiten der sächsischen Armee getragene Marsfest war eben nicht nur Spiel. Es diente zugleich als eine Art militärisches Manöver, denn unter der Narrenkappe eines türkisch-sächsischen Scharmützels probte man doch immer auch ein wenig den Ernstfall.

Auch der Sohn und Nachfolger Augusts des Starken feierte mit seinem Hof nicht weniger pompös, und unter anderem auch in Pillnitz. Die Komplexität des Lebensanspruchs, die seinen Vater ausgezeichnet hatte, besaß die kontemplative Sammlernatur, die sein vor allem die große Oper liebender Sohn war, nicht, geschweige denn sein Urenkel. Wenn der erste der sächsischen Kurfürsten mit Namen Friedrich August die Welt im Sturm zu umarmen versuchte, so ließ Nummer zwei sich von ihr verwöhnen. Spürbar verunsichert schloss sich der dritte dieses Namens von ihr ab.

Tatsächlich ist überliefert, dass Kurfürst Friedrich August III. jeweils »Wohnung in einem der zwey kleinen Palais, welche zur Seite des Gartens gebauet sind« bezog, während der erste Marschall, der Oberstallmeister, seine Kammerherren und Kammerjunker sowie sein Beichtvater im Alten Schloss logierten.[80] War dieses Palais das Bergpalais, so hatte er von dort aus einen direkten Zugang zu dem Gartenquadrat der barocken Anlage, das man den »Großen Schlossgarten« nannte und das in seiner Grundstruktur bis heute erhalten geblieben ist. Man hatte es mit dem Bau des Bergpalais ab 1723 im Nordosten des Gebäudes angelegt. Während die mittlere der drei alleeähnlichen Flächen als Schießbahn genutzt wurde und dort direkt vor dem Schloss ein Schießhaus stand, pflegte man in den seitlichen Spiegeln das beliebte, dem Krocket verwandte Maille-Spiel, dem auch der junge Friedrich August mit seinem Bruder Anton in Pillnitz frönte.

Die sich linker Hand anschließende Fläche im Zwickel zu den Charmillen stellte das vierte Quadrat der barocken Anlage dar und war 1725 gleichfalls als Spielgarten mit zwei Kegelpavillons und einem Gebäude für Ringrennen angelegt worden. Seine heutige Gestalt als Koniferenhain geht auf eine 1874 begonnene Umgestaltung zurück, in deren Zusammenhang die Kegelpavillons abgebrochen und das kleine ovale Ringrenngebäude Longuelunes durch den Anbau zweier Seitenflügel zu der bis heute bestehenden Orangerie erweitert wurde.

Doch schon reichlich hundert Jahre zuvor, im Jahr der Thronbesteigung des jungen Kurfürsten, hatte hier der erste vorsichtig umdeutende Eingriff in den alten Spielgarten begonnen. Die Spielkabinette wurden abgeräumt, in einfache Rasenflächen umgewandelt und mit Lindenreihen umpflanzt. An der nordwestlichen Randpartie entstand neben einem kleinteiligen Rokokogärtchen auch ein kleiner Nutzgarten. Beide Gärten sind später der englischen Anlage einverleibt worden und ihre Strukturen haben sich heute gänzlich in ihr aufgelöst. Lediglich die berühmte Pillnitzer Kamelie markiert einen Platz, der schon damals für den Bau eines Pflanzenhauses vorgesehen und mit nicht winterharten Gehölzen besetzt war.

Die 1801 hier ausgepflanzte Kamelie (Caméllia japónica) gilt als älteste ihrer Art in Europa und soll um 1780 als 30-jährige Kübelpflanze nach Sachsen gekommen sein. Eine bislang unbelegte Legende will, dass sie die einzige überlebende jener vier Exemplare ist, die um 1775 in Europa eintrafen und in die seinerzeit angesehensten Gärten nach Hannover-Herrenhausen, Schönbrunn bei Wien und Kew Gardens bei London gingen.

Zweifelsfrei jedoch ist sie das spektakuläre Zeugnis des ausgeprägten botanischen Interesses, das den jungen Kurfürsten auch bei der Anlage des vermutlich nach eigenen Plänen[81] gestalteten englischen Gartens leitete. Dieser entstand ab 1778 auf einer vergleichsweise kleinen Fläche ehemaligen Ackerlandes nordwestlich des Barockparks.

Die Neuschöpfung griff ebenso wenig weiter in den historischen Bestand ein wie sie dem eigentlichen Impetus dieses noch jungen Gartentypus folgte: dem visuellen Ausgreifen in die umgebende Landschaft, deren konzentrierter künstlerischer Ausdruck er sein wollte. Überzogen von einem engen Netz der für diese frühen Anlagen typischen, nur um ihrer selbst willen sich schlängelnden Wege, war das kleinteilig strukturierte Areal an drei Seiten mit einer die freie Sicht einschränkenden Sandsteinmauer umgeben.

Gerade diese selbstverliebte, spielerische Introvertiertheit ist später von Peter Joseph Lenné und Gustav Meyer (1816–1877) als Mangel empfunden worden. In den nach ihren Vorschlägen um 1864 einsetzenden Umgestaltungen kam es vor allem zur Beseitigung der Mauer und zu einer großzügigeren Gestaltung des Wegenetzes, in welches folgerichtig auch der ab 1874 nebenan entstehende Koniferenhain eingebunden wurde. Zu der geplanten Neugestaltung der Bachläufe ist es jedoch nicht gekommen und auch die für die Öffnung des Garten unumgängliche Auslichtung des Gehölzes hat nicht im vorgesehen Umfang stattgefunden. So gleicht der Park heute in den meisten Partien einem luftigen Wald, in dem sich beeindruckende Baumindividuen entdecken lassen.

Der seiner Natur entsprechend wachsende Baum, welcher in der zweiten Hälfte des 18. Jahrhunderts als Gleichnis für die naturgemäße menschliche Existenz entdeckt wurde, war in Pillnitz – den Interessen des Fürsten und einem Zug der Zeit folgend – meist zugleich ein bislang fremdes, ein besonderes Gewächs. Einen Teil dieser Gehölze – neu aus Nordamerika importierte Arten wie Amerikanische Eiche, Platane, Schwarz-Birke oder Tulpenbaum – kann man noch heute im Park finden.

Die Partie um den Teich und den Englischen Pavillon war im Englischen Garten von Pillnitz vielleicht von Anfang an die am glücklichsten und zugleich mit den beständigsten Materialien gestaltete. Freilich gab es auch hier Veränderungen, wie etwa die Vergrößerung der Wasserfläche Anfang des 20. Jahrhunderts oder die 1885 erfolgte Aufstellung des von Rietschel nach dem antiken Original geschaffenen Kopfes der Juno Ludovisi auf der darin liegenden Insel.

Ursprunglich war diese Insel mit Säulen-Pappeln umpflanzt, wie die berühmte Rousseau-Insel in Ermenonville bei Paris, wo der Marquis de Girardin (1735–1808) in seinem nach den Vorstellungen Jean-Jacques Rousseaus (1712–1778) gestalteten Garten ein Grabmal für den Schriftsteller-Philosophen hatte anlegen lassen. Sollte die Pillnitzer Variante nicht nur eine formale Nachahmung des Gartenmotivs, sondern eine Reverenz an Rousseau sein, so galt sie sicher nicht dem systemkritischen Philosophen, sondern vielmehr dem Gartentheoretiker und Botaniker. Und vielleicht auch dem Eremiten Rousseau, der sich, im Glauben von der Welt unverstanden zu sein, in egomanischer Selbstgefälligkeit von ihr abschloss.

In der Felsengrotte auf dem nahen Borsberg besaß später auch der Kurfürst seine Eremitage, die er zeitweise täglich noch vor sechs Uhr früh besucht haben soll. Der damals durch einen Kamin beheizbare und mit Empiremöbeln ausgestattete Raum bildete den Endpunkt einer dem Zeitalter der Empfindsamkeit verpflichteten romantischen Partie durch den Pillnitzer Grund (Friedrichsgrund), die dort zwischen 1780 und 1785 angelegt worden war. Neben zahlreichen Kleinarchitekturen und der Meixmühle als bereits vorhandener Kulisse zählte dazu ein Wasserfall und die noch heute vorhandene künstliche Ruine auf der ersten Höhe über dem Grund, die einst von einem Schloss besetzt gewesen sein soll.

Anders als die Eremitage, die einer zweckfreien, meditativen Absonderung »von der geräuschigen Stadt und dem öden Prunk des Lebens«[82] gewidmet war, stellte der zwischen 1778 und 1781 nördlich des Teiches errichtete Englische Pavillon ein Monument und zugleich ein Studierkabinett für die wissenschaftliche Liebhaberei des Fürsten dar. Zumindest deuten die naturwissenschaftlich akribischen Malereien von Puppen, Raupen und Schmetterlingen auf der Holzverkleidung im Obergeschoss des Gebäudes darauf hin. Auf dem Balkon, von dem es umzogen wird, ging der Blick bezeichnenderweise nicht in die Weite, nicht über die Bäume hinweg. Man saß sozusagen auf der Höhe, in der auch die Vögel in den Zweigen sitzen, nahm einen Tee, versenkte sich in die Bücher oder studierte den Inhalt der eben entleerten Botanisiertrommel. Die Gestalt des Tempietto di San Pietro in Montorio zu Rom von Donato Bramante (1444–1514), die der Architekt Johann Daniel Schade (1730–1798) adaptierte, betont die Würde, die man dem Zweck dieses Tempels – dem Studium der Natur – beimaß.

Sieht man vom Friedrichsgrund ab, folgten alle gärtnerischen Aktivitäten der nächsten 80 Jahre weitgehend botanischen Interessen. Wie die Anlage des 1785 in Angriff genommenen Holländischen Gartens war auch der 1790 begonnene Chinesische Garten mit dem Bau von Treibhäusern verbunden. Das Bild einer idealisierten Natur trat in den Hintergrund und machte mehr und mehr der mit Leidenschaft betriebenen Sammlung außergewöhnlicher Pflanzen Platz. Aus den Gewächshäusern des Holländischen Gartens, die vornehmlich Pflanzen der holländischen Kapkolonie aufnahmen, entwickelte sich eine »Botanische Schule«. Mitte des 19. Jahrhunderts konnte sich Pillnitz »mit den damals bekanntesten

Johann Carl August Richter, »Partie im Friedrichs-Thale bei Pillnitz«

botanischen Gärten Deutschlands messen«.[83] Schon 1798 hatte Friedrich August III. einen »Botanischen Hof- und Cabinetsmaler« ernannt. Später, bis 1839, entstanden die »Pillnitzer Centurien«, eine 1000 Blätter umfassende Sammlung von Aquarellen und Gouachen mit Pflanzendarstellungen, die sich heute in der Sächsischen Landesbibliothek in Dresden befinden.

Der Bau des Palmenhauses im Jahr 1859 und die Erweiterung des Ringrenngebäudes zur Orangerie (1874) sowie die Bepflanzung des Fliederhofes mit Chinesischem Flieder (1860) und die Anlage des Koniferenhaines (1874–1880) stellten die letzten bedeutenden Unternehmungen in diesem Zusammenhang dar.

Insbesondere die Pflanzaktionen machen aber auch deutlich, dass man selbstverständlich zu keinem Zeitpunkt ohne ästhetisches Kalkül agierte, auch und gerade bei den gärtnerischen Arbeiten, von denen die zuletzt genannten starke und klare Kontraste in das Vorhandene einbrachten. Zu einer größeren Homogenität des Gesamtkomplexes haben sie allerdings nicht beigetragen. Was in Pillnitz in deutlicher Undeutlichkeit herrscht, ist ein ständiges Spiel zwischen ehrfürchtigem Respekt und Versuchen der Selbstbehauptung. Nie entsteht ein einheitliches oder zumindest klares Bild, wenngleich es für Momente so scheinen mag. Da geht der Wind schon wieder über das Wasser und der Spiegel hat Wellen.

Dieses Charakteristikum pragt auch den 1790 begonnenen Chinesischen Garten, in dem der barocke Fontainenteich bald als Chinesischer firmierte und jenseits von Mauer und Straße – gleichsam über dem Pavillon mit seinen übereinander gestapelten ausschwingenden Dächern – die Weinbergterrassen in den Hang steigen.

Der 1804 erbaute Chinesische Pavillon, der diese Bezeichnung im Gegensatz zum Garten und zum Teich tatsächlich verdient, stellt das Widerwort einer späteren Generation auf den vermeintlich als zeitbedingt inkorrekt empfundenen Geniestreich dar, der Pöppelmann in Gestalt des Wasser- und des Bergpalais gelungen war. Eigenen Studien in England und dem Vorlagenwerk folgend, das William Chambers (1723–1796) mit seinem 1753 veröffentlichten »Designs of Chinese buildings« geliefert hatte, gelang dem Architekten Christian Friedrich Schuricht ein Gebäude, das »als die beste europäische Nachbildung eines geschlossenen ostasiatischen Bauwerkes« gilt. Trotzdem, so Hans-Günther Hartmann, sei er nicht völlig stilrein. Unter anderem sind es die Wandbilder im Innern, die »den typisch chinesischen Duktus vermissen« ließen.[84]

Eine letzte Gestaltungswelle, die unter ostasiatischen und insbesondere japanischen Einflüssen stand, ging um 1900 durch das Pillnitzer Schloss. Um 1890 erfasste sie den Hauptsaal des Bergpalais und verklang 1902 in der Neugestaltung des Kaffeezimmers von König Georg im Neuen Palais sowie des Gelben Teezimmers im Wasserpalais. Mit der vom Schwung des Jugendstils angetriebenen, sich chinoiser Motive bedienenden weißen Stuck-

Schlosspark Pillnitz, Chinesischer Pavillon

dekoration kam der Hofbaumeister Gustav Fröhlich (1859–1933) dem ursprünglichen Pillnitzer Impetus eines Lustschlosses, das zugleich ein Luftschloss ist, noch einmal sehr nah.

Die gewaltige Kraft eines Torsos – Großsedlitz

»Hätten der König und seine Baumeister die Mittel Ludwigs XIV. gehabt, sie hätten gerne ihr französisches Vorbild übertroffen.« Doch August der Starke, so die berühmte Gartenschriftstellerin Marie Luise Gotheim, »hatte das Maß seines Könnens nicht wie Le Roi Soleil […] in sich. So großartig daher viele der noch heute vorhandenen Schöpfungen des sächsischen Königs« seien, so überraschten sie doch häufig »durch eine gewisse Schwerverständlichkeit ihrer Grundidee, bis man erfährt, daß es nur Bruchstücke sind, die zur Ausführung kamen«. Als herausragendes Beispiel nennt sie die »imponierenden Anlagen von Groß-Sedlitz«.[85]

Hugo Koch hatte schon 1910 von Großsedlitz (Farbtafel 17) als der »Blüte der sächsischen Gartenkunst in der Periode Augusts des Starken« gesprochen.[86] Heute gilt der Garten als dessen »großartigste«, formal »eigenständigste« Schöpfung, ja als eine der »eigenwilligsten Konzeptionen barocker Gartenkunst in Deutschland« überhaupt.[87] Und das ungeachtet der Tatsache, dass wirklich lediglich ein Sechstel des 1727 in einem Generalplan dokumentierten Projektes zur Ausführung kam. In seiner fragmentarischen Gestalt ist Großsedlitz einem Torso vergleichbar, bei dem aus einem Bruchstück doch die Kraft eines gewaltig gewesenen oder aber auch nur gedachten Ganzen strahlt.

Ursprünglich hatte sich der Reichsgraf von Wackerbarth das einstige Rittergut zum Alterssitz erkoren. Er war 1718 vom königlich-sächsischen Kabinettsminister zum Gouverneur von Dresden aufgestiegen. Da der Vorbesitzer den Wiederaufbau des einige Jahre zuvor durch einen Brand zerstörten Objektes 1719 aus finanziellen Gründen aufgeben musste, war es günstig zu haben gewesen. Noch im gleichen Jahr erteilte der Graf einen Planungsauftrag an das Oberbauamt.

Das »Projet du Chateau et Jardin de Sedlitz«, welches vermutlich von dem jungen Johann Christoph Knöffel aufs Papier gezaubert wurde, war in etwa so hochfliegend wie die Karriere, die Wackerbarth am sächsischen Hof gemacht hatte. Zu hochfliegend. Auch wenn sich der Graf auf den Großsedlitzer Teil beschränkte. Daneben hatte er nämlich auch die Gestaltung des Kleinsedlitzer Erlichtberges ins Auge gefasst. Vom höchsten Punkt dort wollte der Gouverneur a. D. aus einem der geplanten Pavillons über einen zur Elbe sich absenkenden Terrassengarten den Blick auf Dresden genießen.

Noch im Jahr der Erwerbung ließ Wackerbarth den Schlossbau beginnen, 1720 die Errichtung der Oberen Orangerie. Sie stellt das einzige Bauwerk dar, das aus dem Gartenprojekt des Reichsgrafen erhalten geblieben ist. In dem von einer Vase bekrönten Drei-

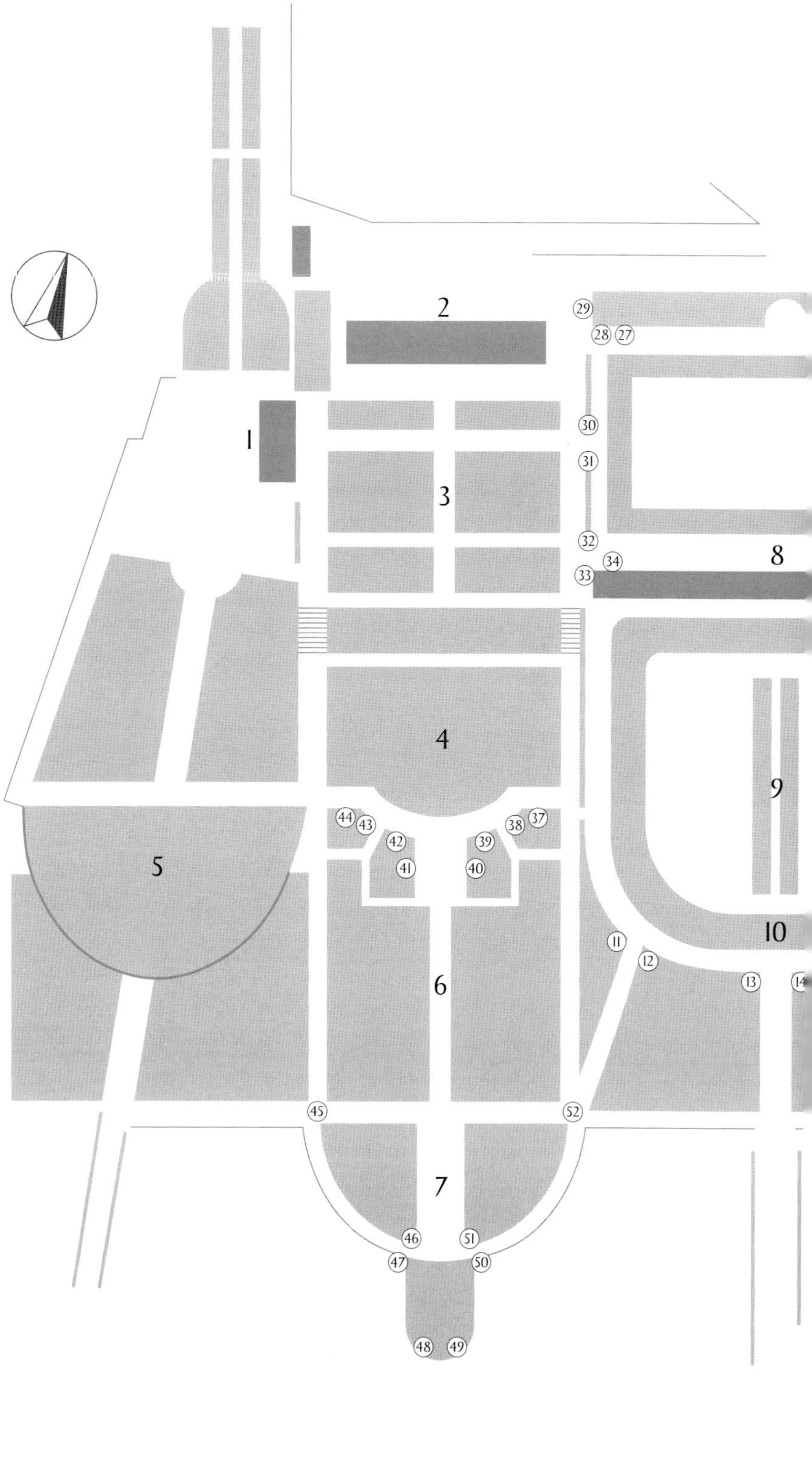
1
2
3
4
5
6
7
8
9
10
11
12
13
14
27
28
29
30
31
32
33
34
37
38
39
40
41
42
43
44
45
46
47
48
49
50
51
52

1 Friedrichschlösschen
2 Obere Orangerie
3 Oberes Parterre
4 Wasserparterre
5 Naturtheater
6 Waldkaskade
7 Steinernes Meer
8 Untere Orangerie
9 Unteres Orangerieparterre
10 »Stille Musik«
11 – 52 Skulpturen

11 Herbst
12 Sommer
13 Juno
14 Jupiter
15 Frühling
16 Winter
17 Herkules
18 Merkur
19 Diana
20 Fischfang
21 Adonis
22 Higya
23 Victoria
24 Venus
25/26/27/28/32/34/35/36 Pomona und Flora
29 Andromeda
30/31 Sphinx
33 Melpomene
37 Ceyx und Halkyone
38 Meleager und Atalante
39 Apollo und Daphne
40 Narcissus und Echo
41 Orpheus und Eurydice
42 Pan und Syrix
43 Amor und Psyche
44 Bacchus und Ariadne
45 Juno
46 Amerika
47 Afrika
48 Luft und Erde
49 Feuer und Wasser
50 Asien
51 Europa
52 Rhea

ecksgiebel über dem Mittelrisalit des Pflanzenhauses prangt – umrahmt von einer weißen Kartusche – auf blauem Grund noch sein Wappen.

Das Schloss ist 1871 wegen Baufälligkeit abgetragen worden. Die Position seines nordöstlichen Seitenflügels wird durch das Friedrichschlösschen markiert, welches nach Plänen Bernhard Krügers (1821–1881) bis 1874 erbaut wurde. Stilistisch lehnte sich der Hofbaumeister dabei an den Vorgängerbau Knöffels an. Angeregt vor allem durch französische Vorbilder, kamen wie andernorts auch im späten sächsischen Barock bereits jene strengeren klassizistischen Formen zum Tragen, die nach dem heiteren Intermezzo des Roko ko die europäische Architektur erneut beherrschten.

Das aus drei Flügeln bestehende Schloss Wackerbarths lag auf dem Schnittpunkt der beiden, an dieser Stelle leicht abknickenden Hauptachsen der geplanten Anlage. Sie bezog auch das Dorf mit ein. Um eine ungefähre Vorstellung der geplanten Größe zu erhalten, kann man den heute existierenden Garten an seiner Nord-Süd-Achse spiegeln. Diese Achse wird durch die Lindenallee markiert, die ursprünglich durch das Dorf auf das Hauptportal des Schlosses zuführte. Hier, in der Lindenallee, hinter dem Friedrichschlösschen, auf der Freitreppe und im Naturtheater, wo in der zweiten Hälfte des 18. Jahrhunderts eine leidliche Abrundung des Bestehenden versucht wurde, ist auch die von Marie Luise Gotheim beschriebene Irritation am intensivsten, die dieser grüne Artefakt Großsedlitz auslösen kann.

Nicht einmal vier Jahre nachdem Wackerbarth Großsedlitz erworben hatte, verkaufte er es am 30. Januar 1723 für 100 000 Taler an seinen Landesherrn. Schloss und Orangerie sowie der nordöstliche Gartenbezirk sind zu diesem Zeitpunkt wohl weitgehend vollendet gewesen. Das hinderte den König jedoch nicht daran, die gesamte Anlage erneut überplanen zu lassen, wobei der ins Auge gefasste Abriss von Schloss und Orangerie wohl eher zu den marginalen Ereignissen dieses wahrlich kolossalen Projektes zu rechnen gewesen wäre.

Dass es nicht dazu kam, lag vor allem darin begründet, dass der König seinen neuen Park bereits im August 1727 zu nutzen gedachte, und zwar aus Anlass des Stiftungsfestes des polnischen »Ordens vom Weißen Adler«, das fortan kontinuierlich in Großsedlitz stattfinden sollte – was mit Unterbrechungen denn auch tatsächlich bis in das Jahr 1756 geschah.

1697 war es dem sächsischen Kurfürsten Friedrich August I. gelungen, als König in Polen in die Riege führender europäischer Herrscher aufzusteigen. Aus der personellen eine reale Union zu entwickeln, glückte ihm und seinem Nachfolger aber ebenso wenig wie eine grundlegende Durchsetzung absoluter Herrschaftsstrukturen, die eine solche Position auf Dauer vielleicht hätte tragen und verteidigen können. Mit dem für Sachsen überaus desolaten Verlauf des Siebenjährigen Krieges (1756–1763) fand zugleich die sächsisch-polnische Union und der sehnsuchtsvolle Griff des Kurstaates nach einer der umkämpften Führungspositionen in der europäischen Politik ein schmähliches Ende.

Man ist versucht, die Geschichte des Großsedlitzer Gartens als ein – gleichsam vorweggenommenes – Menetekel dieser historischen Ereignisse zu lesen, denn auch da blieb von dem grandiosen, jedes wirtschaftliche Kalkül beiseiteschiebenden Entwurf am Ende doch nur ein durch die Macht der Tatsachen erzwungenes Fragment.

Schon Augusts Entscheidung, den Erwerb von Großsedlitz zunächst geheim zu halten, dürfte vor allem von finanzpolitischen Rücksichten diktiert gewesen sein. Erst am 20. Dezember 1726 kam es zur öffentlichen Bekanntgabe des Kaufs. Wackerbarth hatte während dieser Zeit nicht nur den Eigentümer und Bauherrn zu geben. Da der König permanent in Geldnöten steckte, kamen auch die zum Bau nötigen Mittel zunächst aus der Tasche des Grafen.

Nach einer Unterbrechung von zwei Jahren ließ August der Starke 1725 mit Hochdruck die Arbeiten zur Neugestaltung des Gartens beginnen. Aus Gründen der Ersparnis und da ausreichend Arbeitskräfte für die immensen Erdbewegungen vor Ort nicht zu rekrutieren waren, setzte man zeitweise bis zu 1200 Soldaten ein. Das hatte Wackerbarth schon einige Jahre vorher so praktiziert. Man führt den starken Anstieg von Geburten sogenannter »Soldatenkinder« vor allem auf diese »Arbeitseinsätze« zurück.

Wie bereits erwähnt, fanden die Bauarbeiten unter starkem Termindruck statt. Die Beschränkung auf jene Gartenbezirke, die für das anstehende Fest als notwendig erachtet wurden und in ihrer Pracht und Bedeutung doch auch schon das Ganze erahnen ließen, ist von daher erklärlich. Sie betrafen in der Hauptsache die unter Wackerbarth bereits vorgeformten Partien nordöstlich des Schlosses.

1727 war das Areal bespielbar und das erste Ordensfest konnte über die respektable Bühne gehen. Doch scheinen weitere Planungen schon vorher abgebrochen worden zu sein. Aus Geldmangel, auf Grund politischer Rücksichten, eines Erlahmens des spezifischen Interesses oder des dem König allenthalben für sein letztes Lebensjahrszehnt attestierten Nachlassens der Kraft? Jedenfalls sind die Anlagen in den Jahren danach nicht mehr erweitert worden. Man beschränkte sich bis 1732 auf die gestalterische Vervollkommnung des Bestehenden, so dass es im Wesentlichen dieser Garten ist, den der Besucher noch heute erleben kann, abzüglich der irreversiblen Einbußen, die er seitdem erlitten hat.

Die Worte Krieg und Garten denkt man gewöhnlich nicht zusammen. Großsedlitz aber ist allein dreimal unmittelbar dem Krieg und seinen Begleiterscheinungen ausgeliefert gewesen. Nach der Schlacht in Kesselsdorf, im Dezember 1745, schlugen von Hunger und Kälte geplagte Österreicher und Sachsen ihr verheerendes Lager im Park auf.

Ihnen folgte der preußische König Friedrich II., der Großsedlitz insgesamt zweimal besuchte: zum ersten Mal als ein vom Sachsenkönig gedemütigter Kronprinz, während der Karnevalszeit des Jahres 1728, also unmittelbar nach Einweihung des Gartens durch das erste Ordensfest. Das zweite Mal aber kam der Preuße zu Beginn des Siebenjährigen Krieges als Eroberer, mit 12500 Infanteristen und 1768 Soldaten der Kavallerie. Während die Truppen im Garten biwakierten, ließ Friedrich sich sein Hauptquartier im Schloss einrichten. Ihm dürfte die Ironie und die Sinnträchtigkeit der Situation durchaus bewusst gewesen sein, wenn er von hier – dem grünen Symbol der verhassten sächsisch-polnischen Union – mit dem auf die nahe Festung Königstein geflohenen Friedrich August III. über das künftige Schicksal des besetzten Landes verhandelte, ehe er es zum Aufmarschgebiet seiner Armee degradierte.

1813 schließlich floh geschlagenes napoleonisches Militär über das Erzgebirge Richtung Dresden und wurde im Garten von Großsedlitz von russischen Truppen in ein Gefecht verwickelt. »Der Hofgärtner Behling hatte [...] mit seiner Familie zuletzt in das alte Orangeriehaus sich geflüchtet, während gegenüber in den Bosquets die Russen sich versteckt hielten und auf die von oben eingedrungenen Franzosen, welche die Altane über dem Orangeriehause besetzt hielten, feuerten.«[88]

Immer blieb ein verwüsteter Garten zurück, waren Gebäude beschädigt, Skulpturen verstümmelt. Wohl im Siebenjährigen Krieg verlor Großsedlitz sämtliche Treillagen, mit denen es überaus reich ausgestattet war, hölzerne Gitterwerke, die zur Formung von Laubengängen, Spalieren oder zur Ausbildung von Pavillons dienten. Sie wanderten ebenso wie Hecken und Bäume in die Feuer, an denen die Soldaten sich wärmten, während die ausgegrabenen Bleirohren und die herabgerissenen Bedachungen zu Kugeln und neuen Kanonen gegossen wurden.

Es bleibt erstaunlich, dass die gewaltigen Einbußen, die der Park immer wieder erlitt, niemals – nicht einmal während der »Gartenrevolution« zum Ausgang des 18. Jahrhunderts – den Gedanken an eine grundlegende Umgestaltung des barocken Ensembles in eine Anlage nach englischem Vorbild aufkommen ließen. Der sich wandelnde Zeitgeschmack strafte Großsedlitz lediglich mit Gleichgültigkeit.

Erst ab Mitte des 19. Jahrhunderts sorgte ein erwachendes Interesse an der eigenen Geschichte und deren Kunst dafür, dass man auch Großsedlitz wieder schätzen lernte. Skulpturen wurden restauriert, Treppen und Balustraden instand gesetzt. Die für die zweite Hälfte des 19. Jahrhunderts typische Art der Denkmalpflege durch Abriss und historisierenden Wiederaufbau hinterließ auch hier ihr ambivalentes Erbe. Neben dem bereits erwähnten Schloss erneuerte man von 1861 bis 1864 auch die Untere Orangerie. Die Front der zeitgemäß vergrößerten Fassadenfenster wird sich in der eher zart und kleinteilig rhythmisierten barocken Gartenarchitektur, von der Großsedlitz im Übrigen geprägt ist, immer als spätere Zutat zu erkennen geben.

Weitere Restaurierungen und Rekonstruktionsschübe folgten ab 1930 und nach dem Zweiten Weltkrieg unter dem damaligen Gartendirektor Hermann Schüttauf (1890–1967),

Schlosspark Großsedlitz, Allegorie Fischfang

während der 60er- und 70er-Jahre und vor allem ab 1993, seitdem der Garten sich in Trägerschaft des Freistaates Sachsen befindet.

Mit Schüttauf setzte das Bemühen ein, auf Grund von wissenschaftlich erbrachten Befunden ein historisch möglichst genaues Bild des Pflanzenbestandes und seiner Gestaltung zu rekonstruieren, um somit den wesenhaften Grundimpuls, wie er sich in einer barocken Gartenschöpfung wie Großsedlitz ausspricht, wirklich auch sinnlich erfahrbar zu machen. Ein ganz wichtiger Beitrag zu diesem Verständnis sind die Orangenbäume, die seit Ende der 1990er-Jahre während der warmen Jahreszeit wieder das Parterre schmücken. Diese »goldenen Äpfel« der Hesperiden waren im barocken Garten das Symbol für die unstillbare menschliche Sehnsucht nach Schönheit und Dauer.

Auch die strenge Geometrie des Barockgartens lässt sich als ein ins Äußerste getriebener Ausdruck dieser Sehnsucht begreifen. Statt in Metall oder in Stein wollten seine Schöpfer den Anschein von Beständigkeit in einem Material erwecken, das diesem Bemühen in seinem Wesen unmittelbar widerspricht. Es war der in verschiedener Gestalt immer wieder unternommene Versuch, Natur gleichsam konstruieren zu wollen. Nicht zufällig ähnelt der General- oder Idealplan von Großsedlitz aus dem Jahr 1727 dem Aufriss eines futuristischen Fabrikationsgebäudes, der Zeichnung einer utopisch anmutenden Maschinerie oder eines Fahrzeuges. Den Grundriss eines Gartens, eines von Menschenhand geschaffenen Paradieses, wird man schwer darin erkennen wollen. Dieser Plan wird im Wesentlichen Zacharias Longuelune zugeschrieben.

Der gleichfalls nach geometrischen Gesichtspunkten geordnete Garten der Renaissance ruht in einem umgrenzten, von den unberechenbaren Gewalten seiner Umgebung abgesetzten Bezirk. Die kontrapunktisch konstituierte Schloss-Garten-Anlage des Barock sprengt diese Umgrenzung und ist da, wo sie auf der Höhe der Zeit steht und sich mit dem absoluten Herrschaftsanspruch einer singulären Persönlichkeit verbindet, von einer zuweilen geradezu expansiven »Gewalttätigkeit« geprägt.

Die schiere Größe dieser Komplexe – man denke nur an das unerreichte Vorbild Versailles –, die schnurgeraden, weit in die Umgebung ausstrahlenden Kraftmeridiane ihrer Weg- und Sichtachsen meinen immer die ganze Welt und – als durchaus positiv zu verstehenden Impetus – die zentralistische Ordnung dieser Welt auf einer »Linie«.

»Zur Linken«

Der Blick von der Mitte der Balustrade auf der Unteren Orangerie über das amphitheatralisch geformte Halbrund ihres Parterres, der sich unwillkürlich in der scheinbar endlosen Sichtachse der gegenüber liegenden Boskets zentriert, vermittelt heute in Großsedlitz vielleicht den eindrucksvollsten Beleg dieser Grundbewegung barocker Herrschergärten.

Da auf dieser Achse der jetzige Haupteingang des Gartens liegt, wird sie leicht als Hauptachse der Anlage missverstanden. Doch ist die repräsentative Toranlage, durch welche der Besucher heute den Park betritt, erst 1960 auf Betreiben des damaligen sächsischen Landeskonservators an dieser Stelle installiert worden. Es handelt sich ursprünglich um das 1781 von Johann Christian Feige d. J. (1720–1788) geschaffene Hofportal des Alten Landhauses an der Wilsdruffer Straße am Rande der Dresdner Altstadt.

Folgt man dem erwähnten Idealplan, so besaß diese Achse »zur Linken« – wie man in Anspielung auf die Praxis feudaler Nebenehen formulieren könnte – im gegenüberliegenden Gartenbezirk aber durchaus einen Abschluss. Eine Öffnung in die Landschaft, wie sie heute bei den wichtigsten der Großsedlitzer Sicht- und Wegachsen erlebbar ist, war nach diesem Plan offenbar nur für die Zentralachse vorgesehen. Doch selbst da beabsichtigte man, wie noch zu zeigen sein wird, eine interessante Einschränkung.

Die zentrale Achse stellte zugleich eine Spiegelachse der inneren Zone des Gartens dar. Boulingrin, Orangerie und Orangerieparterre sollten sich auf der gegenüberliegenden Partie spiegelbildlich wiederholen. Auch das sogenannte »Sedlitzer Langschieben«, ein Boskettraum, der sich heute an der äußeren Grenze des Parks findet, war in diese Spiegelung einbezogen. In ihm befanden sich zwei unterschiedlich lange, aus einer Holzkonstruktion bestehende Kegelbahnen.

Überhaupt sollte wohl diese äußere Partie »zur Linken« – als Pedant zu seinem vermutlich eher durch wirtschaftliche Funktionen dominierten Gegenüber – vornehmlich dem Spiel und der Unterhaltung dienen. Auf der das Boulingrin durchschneidenden Querachse etwa ist auf dem Plan die Gestalt eines Heckentheaters zu erkennen, wie es ähnlich in Hannover-Herrenhausen bis heute existiert. Der »Hasensprung« – auch Aha genannt –, der den Weg dorthin unterbricht, ist erst nach den Zerstörungen des Siebenjährigen Krieges angelegt worden.

Das südlich davon eingezeichnete große Oval wiederum könnte auf ein Hippodrom als Austragungsort für beliebte Reiterspiele wie etwa das Ringstechen deuten. Im Übrigen hat man sich in diesem Bereich Plätze für Ball- oder auch ins Monumentale vergrößerte Brettspiele vorzustellen, Schaukeln, Wippen oder Karussells, Nischen und Pavillons bildende Treillagen, die zur Ruhe oder zur Betrachtung des ausgelassenen Treibens einluden.

Boulingrin

Auch die Rasenfläche des Boulingrin, die unterhalb der von einem breiten Querweg dominierten Terrasse liegt, war ursprünglich an drei Seiten von Treillagen umgeben. Die vierte Seite begrenzt noch heute die Balustrade, welche zugleich den repräsentativen Zugang vom Parterre der Oberen Orangerie bildet. Er wird von weiblichen, schelmisch blickenden Sphinxen »bewacht«, deren Löwenkörper brav auf den Postamenten ruhen, während eine ihrer Tatzen auf einer Kugel liegt. Sie sind Werke des Bildhauers François Coudray (1678–1727) und die einzigen Skulpturen im Park, deren Schöpfer belegt ist. Alle übrigen weist die Kunstgeschichte mehr oder weniger sicher Künstlern aus dem Umkreis Balthasar Permosers zu.

Da für die Treillagen der Begriff Nagelwerk gebräuchlich war, ist das Boulingrin lange als »Nagelkarree« bezeichnet worden. Nach alten Plänen und überlieferten Beschreibungen lässt es sich rekonstruieren.[89] Danach besaßen die Längsseiten wandartige, von jeweils 10 Nischen gegliederte und an der Sichtachse unterbrochene Nagelwerke. In den Nischen standen Kübelpflanzen, dazwischen steinerne Bänke, welche von Buchsbäumchen in Pyramidenform gerahmt wurden. Gleichfalls aus Nagelwerk errichtet war der 68 Meter lange und über fünf Meter hohe Laubengang, der jene über den Boulingrin laufende Blickachse nach Nordosten, also in Richtung des ursprünglich geplanten Theaters, führte. In ihm befanden sich drei gleichfalls durch Nagelwerk gebildete Pavillons, der größte davon etwa achteinhalb Meter hoch. Hier genoss die auf dem freien Platz womöglich vom Kugelspiel erhitzte Gesellschaft den Schatten und eine gewisse Absonderung.

Der vertiefte Rasenplatz des Boulingrin selbst, der im Kreuz zweier wesentlicher Sichtachsen liegt und vom oberen Hauptparterre vor der Orangerie gänzlich einsehbar ist, war dagegen durch einen hohen Grad an Öffentlichkeit ausgezeichnet. Er besaß vermutlich einen Schmuckrand aus Broderien, die man mit silbrig-grünem Schmiedezunder, roter Erde und farbigen Schlacken gefüllt hatte, und konnte über vier zweistufige, in den Achsen gelegene Treppen betreten werden.

Unteres Orangerieparterre

Die Balustrade auf dem Dach der Unteren Orangerie, die hinter den Heckenwänden des Boulingrin einen Balkon bildet, ist so etwas wie der Logenplatz für das unter ihr sich öffnende Parterre (Farbtafel 17). Dieses besitzt nicht nur die Form eines Amphitheaters, sondern diente in gewisser Weise auch als ein solches, primär für den Auftritt des größten Schatzes eines jeden Barockgartens. »[...] von hier aus«, so schrieb der spätere Hofgärtner Friedrichs II., Friedrich Zacharias Saltzmann, im Jahr 1750, »übersah mein Auge eine der schönsten Orangerien, von mittelmäßig großen Stämmen mit schönem Wuchs und vollen Kronen; der Mittelgang war mit Fontainen bordiert und zum Haupt-Prospect war ein Triumph-Bogen hinter einem 46 Fuß hohen Wassersprung befindlich.«

Außer den Orangenbäumchen kam eine Vielzahl von gleichfalls in Kübeln gezogenen, in verschiedene Formen geschnittenen Buchsbäumen zur Aufstellung. Das Garteninventar von 1737 nennt acht solcher Exemplare – »wie ein Postament oben mit einer Kugel« versehen – vor der Orangerie, 72 in Pyramidenform, die auf den oberen Terrassen zur Aufstellung kamen, und 144 zwischen den Kanälen, die als Pfauenschwänze, Kugeln oder Hähne geschnitten waren.[90]

Im Zusammenspiel mit den Wassersprüngen der Kanäle, der Stillen Musik und ihren Skulpturen sowie den im Parterre im wechselnden Licht flanierenden Besuchern stellte dieses Aufgebot an Pflanzen vor allem ein Fest der Sinne dar, ein Fest der Formen und Farben, der Gerüche und der Geräusche: raschelnde Seide, abgerissene Sprachfetzen, der Einschlag des in die Luft geworfenen Wassers in die Wasserfläche, die Art und Weise des Gehens, aufeinander zu, voneinander weg, das Drehen eines Kopfes, das Abspreizen der Arme. In dieser hochartifiziellen Umgebung geriet im Grunde jede Regung zum theatralischen Ereignis. Und selbst der Zuschauer in der Loge, der sich außerhalb dieses Spie-

Schlosspark Großsedlitz, Untere Orangerie

les wähnte, nahm seine Rolle als Darsteller in diesem Stück ein, das nicht nur im amphitheatralischen Rund, sondern im ganzen Garten stattfand.

Neben der Präsentation der symbolträchtigen goldenen Früchte war das Parterre vor der Unteren Orangerie innerhalb der oben bereits erwähnten Stiftungsfeste des »Ordens vom Weißen Adler« überdies für eine sehr konkrete Aufgabe konzipiert. Das Preisschießen der Ordensritter, das dort erstmals 1727 stattfand, stellte den üppig gefeierten Höhepunkt der Festivitäten dar. Wie bei zahlreichen höfischen Festen in Sachsen kam auch bei diesem die Komik offenbar nicht zu kurz. So taucht in den Gewinnlisten neben den üblichen Preisen, die zu solchen Anlässen vergeben wurden, auch »eine weiße Maus« auf, »so auf den Seil tanzet, worzu zwei Katzen geigen«, des Weiteren ein »Strohhut mit Schellen bebrämt« und einem Fuchsschwanz darauf. Bei Fehlschüssen hatten die Teilnehmer nicht nur mit dem Spott der Zuschauer, sondern auch mit entsprechend gestalteten Preisen zu rechnen.

Im Halbrund seitlich der Kanäle waren Türkenzelte aufgestellt, die man einst vor Wien erbeutet hatte. Unter ihrem Tuch suchte die höfische Elite ihre blasse Haut vor der Sonne zu schützen, währenddessen sich die übrigen Besucher im Rund und auf dessen erhöhten Wegen verteilt haben dürften, um den Wettkampf zu erleben. Die Schießbahn befand sich zwischen den beiden Kanälen, die statt der 10 ursprünglich mit 13 Chantillen besetzt waren. Die Wasserläufe besaßen demnach nicht nur eine künstlerische Funktion, sondern dienten zugleich dem Unfallschutz, da sie ein versehentliches Queren der Schießbahn verhinderten.

Auch die als Stille Musik bezeichnete Treppenanlage spielt in ihrem figürlichen Schmuck wohl auf das Preisschießen an. So heben etwa zwei der Putten einen Adler auf einem Postament wie einen Pokal empor, auf der gegenüberliegenden Seite befindet sich eine leere Muschel, dazwischen sind ein Weinfass und ein Blumenbukett dargestellt. Es gibt einen kleinen flügelfüßigen Hermes, der die Nachricht des Sieges überbringen könnte, und jene pausbäckigen Bläser, die sie ausposaunen.

Die Matthäus Daniel Pöppelmann zugeschriebene Anlage gilt unter anderem wegen der unübertroffenen melodiosen Eleganz ihres Balustradenschwungs als ein »Meisterwerk barocker Stiegenarchitektur«.[91] Das hinderte seine vergnügungssüchtigen Zeitgenossen jedoch nicht daran, sein Werk während des Preisschießens als Kugelfang zu nutzen. Just vor der Stillen Musik nämlich kam die Schießscheibe zur Aufstellung. Wie bei den Kanälen verband sich hier höchster ästhetischer Anspruch mit profanem Gebrauch.

Die Großskulpturen, die im Halbrund des Bosketts über dem Parterre aufgestellt sind, folgen in ihrer Zusammenstellung einer vergleichbaren Tendenz. Die Hauptgötter Jupiter und Juno werden von Allegorien der Jahreszeiten flankiert, das Göttliche verbindet sich also mit dem irdischen Jahreslauf und seinen sehr menschlichen Plagen und Freuden.

Sowohl diese Figuren als auch die Putten der Stillen Musik werden Johann Christian Kirchner zugeschrieben. Um ihre Wirkung im Gartenraum zu steigern und um das edlere Material Marmor vorzutäuschen, sind sie ursprünglich regelmäßig mit weißer Ölfarbe gestrichen worden. Auf diese Weise hoben sich so viel klarer und schärfer von ihrer grünen Umgebung ab, waren auf größere Distanzen wahrnehmbar und gestaltbildend, muteten aber zugleich viel kühler, viel distanzierter, ja viel abstrakter an als sie das heute tun.

Obere Orangerie, Oberes Parterre, Wasserparterre, Waldkaskade

In diesem Sinn darf man sich auch das obere Orangerieparterre »abstrakter« vorstellen als es heute erscheint. Die von reichen Blumenrabatten gerahmten Rasenflächen, die 1958 in dieser Art erstmals von Hermann Schüttauf eingerichtet wurden, sind in gewisser Weise ein Zugeständnis an die Schaulust des Publikums. Ursprünglich bestanden diese Flächen wie der Rand des angrenzenden Boulingrin aus von niedrigen Buchsbaumhecken gebildeten Ornamenten, die man wie dort mit Schmiedezunder, roter Erde und Schlacken farbig gestaltete.

Zwei der vier gleich groß geplanten Schmuckflächen blieben jedoch Fragment. Sie stoßen unvermittelt an die hinter ihnen ansteigende Böschung, auf der die Orangerie Wackerbarths steht, und erinnern an das ursprüngliche Vorhaben, sowohl das Winterhaus der Pomeranzen als auch das nahe Schloss einem weit umfassenderen Gesamtprojekt zu opfern. Die Böschung wäre dann nach hinten verschoben worden, auf eine Linie mit jener, unter der das Boulingrin liegt.

Auf einem bis auf die parallelen Nebenachsen ausgreifenden, riesigen trichterförmigen Platz sah dieses Projekt die Errichtung eines neuen Schlosses auf quadratischem Grundriss vor. Doch ließ der König, wie bereits erwähnt, schon 1727 die Entwurfsarbeiten abbrechen.

Eine Zeichnung von Longuelune aus diesem Jahr zeigt einen zweigeschossigen Zentralbau mit einem oktogonalen, von einem segmentförmig runden Dach geschlossenen Mittelturm ohne jegliche Aufbauten, der wie die kleineren Ecktürme das Gebäude nur um ein Geschoss überragen sollte. Diese für den Barock untypische, durch die Renaissance aus der Antike antizipierte Dachform gewann seit den 1720er-Jahren im aufkommenden Neopalladianismus, später im Klassizismus, wieder verstärkt Bedeutung. In ihrer Schmucklosigkeit steigert sie den kastellartigen Charakter der von Longuelune entworfenen Anlage. Ein solcher Komplex, der in seiner Form »den üblichen Schlosstypen der Zeit völlig widersprach«, sei eine »idée fixe« Augusts des Starken gewesen, schreibt Hans-Günther Hartmann und glaubt darin den »sinnfälligen Ausdruck« eines »nach allen vier Seiten hin gleichen totalitaren« Anspruchs zu erkennen. Die Idee für den Bau eines solchen »Kastells«

Großsedlitz, Friedrichschlösschen und Obere Orangerie

taucht in verschiedenen Projekten immer wieder auf. Sie ist jedoch nie realisiert worden.[92]

Dem Generalplan von Großsedlitz, den in seiner Struktur und Anmutung Wesentliches mit dem ursprünglich in ihm verankerten Schlossprojekt verbindet, ist dieses traurige Schicksal glücklicherweise nicht widerfahren. Mit dem Oberen Orangerieparterre, dem darunter sich anschließenden Wasserparterre und der vom gegenüberliegenden Hang da hinein abfallenden Waldkaskade ist das gestalterische und ideelle Herz des Großprojektes zum Glück Wirklichkeit geworden.

Dass diesem »Herz« das Leben spendende Element, die »lebendige Seele«, als die der Königliche Gärtner Jacques Boyceau (um 1562–1634) das Wasser im Garten pries,[93] nie gänzlich »eingehaucht« werden konnte, das hat in Großsedlitz vor allem mit den enormen technischen Problemen zu tun gehabt, die Projekte dieser Art in barocken Gärten generell mit sich brachten.

Der Bau funktionstüchtiger Fontänen war die Arbeit gut bezahlter Spezialisten. Auch in Großsedlitz wurde 1726 eigens ein »Röhrenmeister« eingestellt. Er hatte für die reibungslose Funktion der im nahen Müglitztal errichteten Wasserkunst zu sorgen. Dort wurde das Wasser um 60 Meter angehoben und über eine 1700 Meter lange, unterirdisch verlegte Röhrenleitung in ein Wasserreservoir hinter der Oberen Orangerie geleitet. Während eine Versorgung der Waldkaskade von hier aus wohl nie ins Auge gefasst oder versucht wurde, gab es im Wasserparterre offenbar schon bald Schwierigkeiten mit der Abdichtung, so dass es Ende des 18. Jahrhunderts trockengelegt und später mit Rasen bepflanzt worden ist. Die Wasserkunst im Müglitztal gab man nach den Befreiungskriegen auf, da sie offenbar erheblich beschädigt und das grundsätzliche Interesse am Garten gering war.

Der klassische Barockgarten ist ein Garten der Ebene – wie der Große Garten in Dresden – oder einer, der in eine Ebene über Stufen sich hinab bewegt – wie das musterhaft am Karlsberg bei Kassel geschieht, in kleinerem Maßstab bei Schloss Wackerbarth. Großsedlitz dagegen liegt in hügliger Landschaft. Die unteren Parterres befinden sich in einer natürlichen Mulde. Die geniale Ausnutzung dieser vorhandenen Gegebenheiten hat den Effekt, dass bei den quer zu dieser Mulde verlaufenden Sichtachsen Richtung Erzgebirge ein eigentümlicher visueller Sog entsteht, als würde der Blick während seines Aufstiegs aus dem Tal beschleunigt und in die Landschaft geworfen. Dieses Eindruck stellt sich auch beim Blick vom Oberen Orangerieparterre über die Waldkaskade ein, obwohl hier auch eine Gegenbewegung da ist, ihre gleichsam herabwallenden, grünen Bodenwellen.

Das große Vorbild Versailles mit seinem mächtigen Kanalkreuz und die hüglige Vorgebirgslandschaft oberhalb des Dresdner Elbtales inspirierten Longuelune zu einem Gartenbild von zuweilen atemberaubender Faszination. Statt eines Springstrahls, der aufsteigt und lärmend ins ruhende Wasser zurückfällt, bewegt sich in Großsedlitz das Wasser nicht

Schlosspark Großsedlitz, Waldkaskade

nur in verschiedenen Formen, sondern zugleich mit unterschiedlichen Tempi aufeinander zu. Von der einen Seite ergießt es sich in breiten sanften Schleiern von einem Becken ins nächsttiefere, von der anderen scheint es geradezu herabzustürzen über die schmale Treppe der Waldkaskade, zumindest in der Phantasie – die ja möglicherweise eindrücklicher ist als jede noch so perfekte Wirklichkeit.

Dieses Bild ist deutbar als eines der Begegnung des Weiblichen mit dem Männlichen. Es glänzt hier gleichsam als Grund und Spiegel der Schöpfung auf, in das sich auch die Skulpturengruppen fügen, die im Umkreis Aufstellung gefunden haben. In Dionysos und Ariadne, Meleager und Atalante, Apollo und Daphne, Narziss und Echo, Orpheus und Eurydike, Pan und Syrix, Ceyx (Cëyx) und Alcyone (Halkyone) oder Amor und Psyche wird die Vielfältigkeit der bestimmenden Kräfte dieser elementaren zwischenmenschlichen Beziehung personifiziert und zugleich in den Rang des Mythos erhoben.

Als Pendant dazu stehen oberhalb der Waldkaskade am Steinernen Meer Allegorien der Elemente und der vier damals bekannten Erdteile Amerika, Asien, Europa und Afrika. Folgt man den Intentionen dieses Figurenprogramms, bliebe für das heute von Plastiken verwaiste Obere Parterre vor dem geplanten Schloss nur noch die Welt der hohen Götter.

Ursprünglich soll der Großsedlitzer Park 360 Skulpturen besessen haben. Dafür gibt es allerdings ebenso wenig einen Beleg wie für die originalen Standorte einzelner Figuren, so dass eine solche Zahl bestenfalls jenem immer wieder aufscheinenden Idealplan zuzuordnen ist. Wäre dieser verwirklicht worden, hätten die eben genannten Allegorien der Erdteile und Elemente am Steinernen Meer innerhalb eines Gartenlabyrinths gestanden, was wohl sagen wollte, dass die irdische Welt ein Labyrinth ist und für den Menschen letztlich unfassbar. Der Zugang zu diesem Labyrinth hätte sich – wie der Thron im Thronsaal des geplanten Schlosses – auf der gleichsam als ein weltumspannender Meridian gedachten Zentralachse des Parks befunden. Als Pendant zum Schlossbezirk und in deutlichem Kontrast zum Labyrinth entwarf Zacharias Longuelune auf dieser Linie am jenseitigen Ende der Anlage ein von Wegen gerahmtes, quadratisches Geviert, dessen innere Gestaltung als Rad oder gar Kristall, in jedem Fall aber als ein durch und durch von Symmetrie und Gesetz bestimmter Gartenraum zu charakterisieren ist – ein Sinnbild für die göttliche Ordnung im Gegensatz zur irdischen?

Lebendiger Kristall über konstruiertem Grün – Weesenstein

Weesenstein (Farbtafeln I, 18 und 19) ist eine Entdeckung des späten, auf die 48er-Revolution zutreibenden romantischen Zeitalters, und zwar mitsamt des namhaftesten seiner letzten Schlossherren, des Prinzen, ab 1838 Königs Johann von Sachsen (1801–1873). Anders als zum Beispiel sein Schwager, der preußische König Friedrich Wilhelm IV. (1795–1861), hatte Johann das Glück, ein Schloss geerbt zu haben, das schon durch seine über die Jahrhunderte gewachsene, gleichsam auskristallisierte, krud-pittoreske bauliche Gestalt den herrschenden romantisierenden Zeitgeist par excellence verkörperte. Der Preuße hingegen musste sich am Rhein seine »mittelalterliche« Sommerresidenz Stolzenfels aus Ruinen errichten lassen.

Ob Friedrich Wilhelm sich die Grundrisse von Weesenstein nur wegen seines diesbezüglichen allgemeinen Interesses oder als Inspiration für sein eigenes Projekt hat kommen lassen, ist unbekannt. »Die Grundrisse«, so schrieb er seinem Schwager unter dem 24. Mai 1840, »sind wirklich ganz magnifique, so deutlich, so groß, so exakt.«[94] Möglich trotzdem, dass auch ihn eine gewisse Ratlosigkeit beim Anblick dieser Zeichnungen befiel. Im Erdgeschoss des Wintergartens beginnend, schichten sie nämlich die Grundrisse von neun Stockwerken übereinander und listen in jeder sämtliche Zimmer, Stuben, Korridore, Treppen, Stiegen, Wendelsteine, Ställe oder Höfe und immer wieder den Felsen auf, um den herum dieses Gebäudekonglomerat gewachsen ist. »[...] der natürliche Felsen«, so schrieb schon August Schumann (1773–1826) 1825 in seinem Vollständigen Staats-, Post- und Zeitungslexikon von Sachsen, reiche »selbst im höchsten Gebäude, der Schloßcapelle, bis unters Dach und bis zum Anfange des schlanken, wohlgefälligen Thurmes, so daß man sagen könnte, die Spitze des anfänglichen Felsens sey in diese Capelle verwandelt worden. Ueberall zeigt er sich in den Zimmern, den Ställen, Gängen, dem Brauhause u. s. w. bald nur als Wand, bald auch als Wölbung benutzt, bald in Wandbögen, in der Capelle sogar in den Altar, das Chor, die Canzel u. s .w. umgeformt.«[95]

Nicht nur die Mauern von Schloss Weesenstein reichen in die Zeit zurück, in der sich die Wettiner als beherrschende Territorialmacht im sächsisch-thüringischen Raum etablierten. Weesenstein selbst ist mit dieser Geschichte signifikant verbunden. Fast erscheint diese Wirklichkeit ein wenig ausgedacht. Steht an einem Ende der spätzeitliche »Kunst-König«, der bereits den kalten Stahl einer sich umwälzenden Zeit an der Wurzel seines Stammes spürt und seine mehr als respektable Übersetzung von Dantes »Göttlicher Komödie« unter dem Pseudonym Philalethes, Freund der Wahrheit, veröffentlichte, finden wir im angeblich dunklen Mittelalter, am anderen Ende der Zeitleiste, einen rauflustigen Ritter, den jungen Jeschke von Dohna. Im Zusammenhang mit der Hoflößnitz war bereits die Rede von ihm.

»[...] es war einer von Korbs der schlug dem jungen her Jeschken ein beyn under uff de tanzhawse zu Dresden, so slugk her Jeschko Korbs uffs mawl«, notierte fast einhundert Jahre später, Ende des 15. Jahrhunderts, ein Chronist den banalen Anlass der in die Geschichtsschreibung als Dohnaische Fehde eingegangenen Auseinandersetzung zwischen Hans von Körbitz und dem reichsunmittelbaren Burggrafen von Dohna. Neben der Stammburg Dohna gehörten dessen Geschlecht auch Weesenstein und andere Besitzungen in der Region. Als selbstständige Territorialmacht lavierte es zwischen dem Königreich Böhmen und der Markgrafschaft Meißen, welche diese Fehde nutzte, um die Herren von Dohna als Machtfaktor endgültig auszuschalten. Unter dem Vorwurf des Landfriedensbruchs griff Markgraf Wilhelm I. in den seit 1385 währenden Streit zwar erst 1399 ein, dann jedoch mit aller Entschiedenheit. Nach der fast einjährigen Belagerung und dem Fall der Burg Dohna wurde Jeschke über Weesenstein nach Böhmen getrieben und soll 1403 in Ofen (Buda) als Landfriedensbrecher enthauptet worden sein. Ein bei Burkhardswalde aufgefundenes Sühnekreuz bringt man mit dem Tod von Jeschkes Bruder Jan in Verbindung, der dort bei einem Reitergefecht ums Leben kam.[96]

Der Vertreibung der Mitglieder der Familie von Dohna, die, sofern sie nicht getötet wurden, in den Schutz des böhmischen Königs flohen, folgte die Inbesitznahme ihrer Güter. Im Fall von Weesenstein bedurfte es allerdings 1405 noch eines Waffengangs unter Otto Pflug und Günther von Bünau, ehe der Meißner Markgraf im Jahr darauf die Herrschaft als erbliches Lehen ausgeben konnte, und zwar an jenen Günther von Bünau, der sie gerade für ihn erobert hatte.

Wie das Adelsgeschlecht von Dohna tauchen auch die Bünaus erstmals in der Mitte des 12. Jahrhunderts in Urkunden des Bistums von Naumburg auf, dem die Mitglieder der aus dem vogtländischen Oberland stammenden Familie als Ministeriale dienten. Vom 15. bis zum 18. Jahrhundert gehörten die sich in 15 Haupt- und 28 Nebenlinien verzweigenden Bünaus zu den einflussreichsten ihres Standes in Sachsen und Böhmen. Man fand sie im nahen Liebstadt, in Lauenstein oder dem schon erwähnten Seußlitz ebenso wie in Tetschen (Děčín) oder Eulau (Jílové u Děčína). Als ein die Geschichtsschreibung oft verwirrendes Kuriosum gilt die Tatsache, dass sich die Familie seit einer Erbeinigung von 1517 für ihre männlichen Nachkommen lediglich drei Namen zugestand, und zwar Heinrich, Günther und Rudolf.

Weesenstein, Blick aus dem Pavillon des Großen Gartens auf das Schloss

Als Anlass für diese eigenartige Gepflogenheit nennt die Überlieferung eine Pestepidemie, die nur drei der Bünaus mit just diesen Namen überlebt haben sollen. Freilich ist die Drei als erste ungerade Zahl nach der Einheit in fast allen Kulturen schon immer mit besonderer Bedeutung belegt worden. Sicher waren sich dessen die Bünaus ebenso bewusst wie der engen Verbindung und Verpflichtung der verschiedenen Generationen und einzelnen Zweige des adligen Familienverbundes untereinander. Die männlichen Mitglieder trafen sich regelmäßig, um insbesondere eigentumsrechtliche Fragen einvernehmlich und im Interesse der Großfamilie zu ordnen. Grundlegend war besagter 1517 abgeschlossener Erbeinigungsvertrag, welcher Mitgliedern des Geschlechts ein Vorkaufsrecht für frei werdenden Besitz einräumte. Doch schrieb man auch Verhaltensmaßregeln für wiederkehrende familiäre Feste wie Hochzeiten oder etwa Begräbnisse fest.

Das Bewusstsein, auf den Schultern der vorangegangenen Generationen zu stehen, wird in Weesenstein am Renaissanceportal im Torhaus des sogenannten Unterschlosses geradezu plakativ gezeigt. Im exponierten Aufsatz des Rundbogens, der mit seinem von drei Pilastern getragenen Dreiecksgiebel nicht von ungefähr an einen Tempel erinnert, sind zum Baujahr 1575 nicht die Wappen des damaligen Hausherrn Rudolf III. und seiner Gemahlin, sondern die seines Großvaters und dessen Frau Elisabeth von Starschedel gesetzt. Das Enkel-Wappen befindet sich zuunterst im Bogenzwickel, und über ihm sitzt auch noch das seines Vaters Heinrich II. »Vater ich will«, zitiert das daneben gesetzte Spruch-

Schloss Weesenstein, Ranaissanceportal im Torhaus des Unterschlosses

band den Anfang des 24. Verses aus dem 17. Kapitel des Johannesevangeliums, »daß, wo ich bin, auch die bei mir seien, die du mir gegeben hast«.[97]

Wie wichtig den Bünaus der Zusammenhang der Generationen als Bedingung ihrer eigenen Existenz und deren Sanktionierung durch göttliche und weltliche Mächte war, bezeugen auch die Malereien, welche sich auf der als Mönchsboden bezeichneten oberen Etage des sogenannten Saalbaus fragmentarisch erhalten haben. Das mächtige turmartige Halbrund, das zwischen den abknickenden Flügeln vermittelt, macht ihn neben dem Turm zum markantesten Gebäude des Oberschlosses.

Auf den Wandflächen zwischen den heute vermauerten, einst zum Kirchhof sich öffnenden Fenstern ist die Übergabe der Herrschaft Weesenstein von Rudolf II. an seinen Sohn Heinrich II. im Jahr 1535 dargestellt. Nach dem Kauf der Herrschaft Lauenstein hatte Rudolf 1534 das böhmische Tetschen erworben und zog sich nun dahin zurück. Als Zeugen werden nicht nur der Schutzheilige der Familie, der Heilige Hieronymus, und ein Bischof aufgerufen, sondern mit Georg dem Bärtigen (1471–1539), Heinrich dem Frommen (1473–1541) und Moritz (1521–1553) alle jene sächsischen Herzöge, die in der Zeit zwischen der Übergabe von Weesenstein an Heinrich und der Realisierung des Wandgemäldes Anno 1544 die Herrschaft in Sachsen innehatten. Zu dem 1541 an die Macht gelangten Moritz bestand von der Seite Heinrichs II. insofern ein besonderes Verhältnis, als dessen Hinwendung zum Protestantismus auch den als »hartnäckigen Papisten«[98] titulierten Heinrich dazu bewog – zur Wahrung seiner Interessen, wie man heute salopp sagen würde –, in das Lager der Lutheraner zu wechseln. 1545 übernahm er das Amt des ersten Präsidenten des evangelischen Konsistoriums zu Meißen.

Zwischen gemalte Säulen gestellt, stehen sich Vater und Sohn gegenüber, beide mit erhobener Hand, als Zeichen ihrer Zustimmung zu dem Vertrag, den Heinrich schon in seiner Linken hält. Als neuer Herr auf Weesenstein hat nun er die Verpflichtung übernommen, Haus und Herrschaft nicht nur zu erhalten, sondern möglichst zu verbessern und zu vermehren.

Die Verpflichtung, das übernommene Gut zu bewahren und zu ergänzen, ihm gleichzeitig aber Eigenes hinzuzufügen, den eigenen Bedürfnissen und modischen Vorstellungen anzupassen, charakterisiert im Grunde die ganze, im Wesentlichen durch die Bünaus geprägte Baugestalt des Schlosses Weesenstein. Diesem Impetus, der durch die natürlichen Gegebenheiten des Ortes gestärkt wird und dem eine gewisse Magie sicher nicht abzusprechen ist, haben sich auch die späteren Besitzer nicht gänzlich entziehen können oder auch wollen. Während sich die Bauten der Bünaus des 15. und 16. Jahrhunderts die alte Burg der Grafen von Dohna gleichsam einverleibten und die Grundgestalt des Oberschlosses schufen, begann eine neue Generation nach der Mitte des 16. Jahrhunderts das Gelände, die Mauern und die Gebäude des obsolet gewordenen Zwingers zu überbauen und den mehrfach gebrochenen Winkel des Unterschlosses vor den auf der Felsspitze sitzenden älteren Schlosskern zu legen. Die architektonischen Veränderungen, die danach noch folgten, fanden mehr oder weniger im »Weichbild« dieser gewachsenen Gestalt statt oder gingen als Wellen der Modernisierung durch sein Inneres.

Ein merkbarer, wenn auch sicher nicht dramatischer Wandel dieser Gepflogenheiten ist erst nach dem Verkauf des alten Bünau-Schlosses durch den im Siebenjährigen Krieg ruinierten Rudolf VI. an die Familie von Uckermann 1772 spürbar. Insbesondere das Dezennium nach dem Erwerb ist von umfänglichen Bau- und Modernisierungsarbeiten bestimmt. Sie sind es vermutlich gewesen, die dem Oberschloss seine Renaissancegiebel nahmen und den oben beschriebenen Malereien auf dem Mönchsboden die einst repräsentative Räumlichkeit raubten.

Was das im Zopfstil vor der südwestlichen Flanke des Unterschlosses errichtete zweigeschossige Gartenhaus (Farbtafel 19) betrifft, so ist unübersehbar, dass dieser an sich reizvolle Sonderling einer anderen Zeit, einem anderen Geist angehört und nicht mehr dem urwüchsigen architektonischen Rhythmus der Gesamtanlage folgt. Neben diesem Gartenhaus befand sich ursprünglich eine Orangerie, die vor allem durch ihre nackte und ganz offenbar mit keiner gestalterischen Absicht verbundene Zweckmäßigkeit auffiel.

Johann Jakob von Uckermann d. Ä. (1716–1781), der einer reichen Bremer Kauffahrerfamilie entstammte, saß im Gegensatz zum letzten Weesensteiner Bünau auf dem sprichwörtlichen aufsteigenden Ast. Er war wohl insbesondere als Generalintendant des landgräflich-hessischen Postwesens in den Besitz beträchtlicher Geldmittel gelangt. Bevor seine

Weesenstein, Brüstung im Zopfstil am Gartenhaus

Frau Johanna Christiane (1743–1827) im Sommer 1772 Weesenstein erwarb, hatte er 1763 schon das in Thüringen gelegene Rittergut Bendeleben gekauft. Dort hatte er einen bestehenden Rokokopark wieder herrichten und eine Orangerie bauen lassen, die vor allem wegen der raffinierten Technik der Lichtverwertung in den letzten Jahren restauriert worden ist. Daneben ließ der 1770 in den Reichsadelsstand Erhobene schon 1765 einen Landschaftspark nach englischem Vorbild anlegen, wobei sein Interesse offenbar besonders exotischen Bäumen und Pflanzen galt.

Angesichts dieser Vorgeschichte liegt es nahe, Uckermann auch als Urheber des romantischen Landschaftsparks in Anspruch zu nehmen, der sich auf dem Waldhang östlich des Schlosses erstreckte und um dessen Wiedergewinnung man sich seit einigen Jahren bemüht. Er zählt zu den frühesten Schöpfungen seiner Art in Sachsen. In Abgrenzung zu der den Barockgarten beherrschenden Gerade war er von den für diese ersten Anlagen typischen, rein formal begriffenen Schlängelwegen durchzogen. Kleine Brücken und Bänke belebten das Areal und Aussichtspunkte boten immer wieder Durchblicke in das Flusstal sowie zum Schloss. Der architektonische Bezugspunkt dieser romantischen Partie war ein um 1750 auf der Höhe östlich des Schlosses erbautes, Mitte des vorigen Jahrhunderts leider abgetragenes, als »Jagdpavillon« bekanntes Belvedere. Durch eine Allee war es mit dem nahen Gut Meusegast verbunden. Die Aussicht von diesem Pavillon hob das Auge aus dem engen Müglitztal heraus und bot einen Panoramablick auf das Elbtal von Pirna bis Dresden.

Noch weniger als über den Landschaftspark weiß man über den barocken Schlossgarten der Bünaus, eigentlich nicht viel mehr, als dass es ihn an der heutigen Stelle der Gartenanlage gegeben hat und dass er noch nicht vom Wasser der Müglitz geteilt war. Auf einem Gemälde aus der Zeit um 1750 ist – entgegen der heutigen Ausrichtung – ein quer zum Tal orientierter Garten mit einem Rasenparterre und einer anschließenden Boskettzone zu erkennen. In dessen Mittelachse stand vermutlich die Vorgängerin der von Wolf von Hoyer (1806–1874) geschaffenen Flora, die 1861 als Ersatz für eine beschädigte Barockskulptur in den Park gelangte.

Die heutige Struktur des Weesensteiner Schlossgartens geht im Wesentlichen auf den älteren Johann Jakob von Uckermann zurück. Er drehte die bestehende Anlage quasi um 90 Grad und legte nun neben einem kleineren, dem Gartensaal zugeordneten Parterregarten den Großen Garten an. Dessen Hauptachse wird von der erwähnten Flora und einem kleinen, beidseitig von je einem halbrunden Heckengang flankierten Pavillon markiert.

Dass Uckermann das Bett der Müglitz von der Talkante weg zwischen die beiden Parkteile verlegte, war die notwendige Voraussetzung sowohl für den Bau des Wintergartens als auch für die Anlage des Kleinen Gartens. Dort, in der Ecke unterhalb der Schlossbrücke, erzwang der Burgfelsen bis zu dieser Zeit die Richtungsänderung des Wassers. An dieser Kehre staute es sich nach Schneeschmelze oder starkem Regen zuerst und überschwemmte den Park. Der Tatsache, dass Uckermann trotz der von ihm initiierten Arbeiten mit regelmäßigen Überschwemmungen rechnete, verdanken wir das Kuriosum eines Gartensalons im ersten Obergeschoss und die von da herabführende reizvolle Treppenanlage. Und tatsächlich ist ja der Garten immer wieder ein Opfer der Fluten geworden, zuletzt während des verheerenden Sommerhochwassers im Jahr 2002.

Wenn man einmal davon absieht, dass die beiden Gärten nach verschiedenen Hochwässern zu großen Teilen immer wieder neu angelegt werden mussten, haben sie keine größeren Änderungen mehr erfahren, auch bezüglich ihres Interieurs. Nur 1847 ließ König Johann (1801–1873) zur Erinnerung an seinen verstorbenen Sohn Ernst einen Gedenkstein an dessen Lieblingsspielplatz am Mühlenwehr setzen, 1872 kam aus Anlass der goldenen Hochzeit des Königspaars eine rote Granitsäule – Geschenk des landwirtschaftlichen Kreisvereins des Erzgebirges – auf der Hauptachse des Großen Gartens zur Aufstellung.

Auch der zweite Uckermann auf Weesenstein, Johann Jakob der Jüngere (1763–1836), hinterließ in den Gärten keine Spuren, desgleichen an den Gebäuden. Er übernahm das Anwesen, als sich seine verwitwete Mutter 1789 nach Bendeleben zurückzog. Nach ihrem Tod verkaufte er Weesenstein fast mit dem gesamten Inventar 1830 an König Anton von Sachsen (1755–1836), um sich mit seiner Familie nun ebenfalls auf sein Gut in Bendeleben zu beschränken, zumal sein Interesse im Wesentlichen der Wissenschaft galt. So besaß er eine über 9000 Bände umfassende Bibliothek, hatte über die Jahre mehrere wissenschaftliche Sammlungen aufgebaut und war einem lebendigen Disput über Probleme der Naturkunde, der Mathematik oder der Astronomie ebenso zugetan wie einem unprätentiösen geselligen bürgerlichen Leben.

Folglich verbinden sich heute mit seinem Namen in Weesenstein an sachlichen Zeugnissen vor allem zwei Tapeten, die er erworben haben soll. Im Unterschloss geben ihre bildlichen Motive den Räumen, in denen sie verklebt wurden, bis heute ihren Namen. Im Vogeltapetenzimmer ist es eine im letzten Viertel des 18. Jahrhunderts in London nach chinesischen Vorbildern hergestellte Papiertapete, die Bäume, Pflanzen und Vögel zeigt. Der Chinesische Salon erhielt seinen Namen von einer den Raum umziehenden Panoramatapete aus dem Anfang des 19. Jahrhunderts.

Beide Zimmer gehören zu einer Raumfolge in der Beletage des Unterschlosses, in der die herrschaftliche Wohnkultur des 18. und 19. Jahrhunderts in seltener Geschlossenheit und mit zu großen Teilen originalem Interieurs präsentiert wird. Die zwei Säle, die das Entree bilden, das sogenannte Salettchen und der Ledertapetensaal, stellen zugleich die am aufwändigsten ausgestatteten Gesellschaftsräume des ganzen Schlosses dar.

Das barocke Salettchen, welches ursprünglich lediglich die Funktion eines Vorsaales besaß, ist in den 50er-Jahren des 19. Jahrhunderts zu einem repräsentativen Speisesaal umgestaltet worden, in dem, wie Hendrik Bärnighausen schreibt, »der Bandelwerkstil der 1720er Jahre und die Neorenaissance in der Manier Gottfried Sempers [...] eine glückliche Symbiose eingegangen«[99] sind. Die Deckengemälde mit ihren melancholisch gestimmten weiblichen Allegorien verweisen auf die Vorlieben des damaligen Hausherrn, das Recht und die Poesie. Wie viel weltzugewandter die Bünaus der ersten Hälfte des 18. Jahrhunderts im Vergleich zum späteren Hausherrn König Johann von Sachsen noch gewesen sind, belegt der Ledertapetensaal. In diesem um 1720 in das Renaissancegemäuer eingefügten Speisesaal bestätigten sich die Bünaus nicht nur ihr finanzielles Vermögen. Sie versicherten sich zugleich ihres grundsätzlichen Weltverständnisses. Den im mythischen Gewand dargestellten vier Elementen in den Supraporten folgen in der Deckenkehlung Medaillons mit den Allegorien der Jahreszeiten. Endlich schaut man sozusagen mit den Cäsaren, deren gemalte Köpfe sich in den Fensternischen finden, in die historische Welt hinaus.

Geradezu körperlich spürbar wird der Kontergang der Geschichte aus dem 18. in das in Weesenstein vor allem durch König Johann geprägte 19. Jahrhundert, wenn man die 1741 geweihte protestantische Schlosskirche mit der knapp einhundert Jahre später eingerichteten und 2001/02 originalgetreu rekonstruierten Katholischen Kapelle vergleicht. Hier der barock sich aufschwingende, an ein Schiff gemahnende hohe Raum, der sich gleichsam öffnet im Deckengemälde einer Himmelfahrt. Da das tief liegende, goldbesternte, mittelalterlich-gotisch gestimmte Gewölbe, das in seiner Exaktheit aber der neuzeitlichen Maschinenwelt verschwistert ist, aus der es eine Zuflucht sein möchte.

Im Tal der Zauberin Tina – Seifersdorf

Am Seifersdorfer Tal scheiden sich, so könnte man sagen, die Geister, von Anfang an und bis heute. Während Schiller (1759–1805) jene »Empfindsamkeit«, die auf »Täfelchen« geschriebene »Sittensprüche« »an die Bäume hangt«, als »affectiert« abkanzelte, war Jean Paul (1763–1825) begeistert. Er fühlte sich in Tinas Tal ebenso in andere, namentlich himmlische Sphären versetzt wie Christoph Martin Wieland (1733–1813), welcher nach einem Besuch im »Zaubergrunde« Tina und Moritz von Brühl (1743–1811) »mit der innigsten Rührung« für die vielleicht »interessanteste Vision« seines Lebens dankte.[100] Spätere Autoren, wie etwa Cornelius Gurlitt, distanzierten sich mit leiser Ironie: »Es zogen die Bürger Dresdens hinaus ins Seifersdorfer Tal und standen sinnend vor den von Neuheit glänzenden Denkmälern der Vergangenheit, die Träne der Rührung in den Augen, nachdem sie die Inschriften gelesen.«[101]

Der verdienstvolle Adrian von Buttlar hingegen versuchte es in jüngerer Zeit mit begrifflicher Forschheit. Er stellte das Seifersdorfer Tal »als ein Musterbeispiel für die Verdrängung des aufklärerischen Impulses durch einen überschäumenden Empfindungskult« dar. »Ernst und Monumentalität von Wörlitz fehlten dieser Anlage wohl«, schrieb er resümierend, »aber ihren Zweck, die ›deutlichsten Proben von der moralischen Güte und dem aufgeklärten Geist seiner Besitzer abzulegen‹, wie Tinas Busenfreundin Elisa von der Recke (1754–1833) einmal schrieb, erfüllten sie sicherlich, wenn man sich den empfindsamen Assoziationen hinzugeben bereit war.«[102]

Gegen den Vorwurf der »Empfindelei« und der selbstgenügsamen Verinnerlichung[103] hat von Anfang an Tina von Brühls selbst postulierte Absicht, »dem Geist und dem Herzen Stoff«[104] zu geben, sowie der unübersehbare aufklärerisch-pädagogische Impetus des gesamten Projektes gestanden. Und dass Schiller sie für eine künstlerische Dilettantin hielt, das focht sie nicht an. »Warum sollte es der Gartenkunst, die unterhalten, belehren und rühren soll«, formulierte sie in unbekümmerter Naivität ihre eigene Ästhetik, warum sollte es dieser Gartenkunst denn »nicht erlaubt sein, sich eben sowohl der Dichtkunst als auch der anderen Künste zur Erreichung ihres Endzweckes zu bedienen [...]. Nicht alle Gegenstände«, so erklärte sie selbstgewiss, könnten nur durch Anschauung wirken, sondern benötigten eben einen Kommentar oder eine literarische Ergänzung.

Seifersdorfer Tal, Denkmal für den Vater der Gräfin Tina

Tatsächlich dürfte es im Seifersdorfer Tal, in dem die Brühls seit 1781 innerhalb eines Dezenniums über 40 Gartenbilder gestaltet hatten, eine derart hohe Dichte solcher literarischer Additive gegeben haben wie in keinem anderen zeitgenössischen Park ähnlicher Art. Auch die von Buttlar als überragendes Vorbild herausgestellten Wörlitzer Anlagen glaubten in vielen Partien nicht ohne diese Betextung des Landschaftsgartens auskommen zu können – ein Vorgang, den Hermann von Pückler-Muskau später als aufklärerischen Unfug kritisierte.

Im Hinblick auf die zahlreichen literarischen Zutaten und die erklärten historischen Bezüge ist man geneigt, eine intellektuelle Durchdringung, eine Verbindung der einzelnen Gartenbilder untereinander und eine die Gestaltung des ganzen Tals zusammenschließende Programmatik anzunehmen. Doch gerade deren Fehlen ist immer wieder konstatiert worden.

Diesem Mangel haben auch die zwei gründlichsten Beschreibungen des Tals offenbar nicht abhelfen können. Schon 1792 erschien der mit stimmungsvollen Kupfern illustrierte Text von Wilhelm Gottlieb Becker (1753–1813), den Schiller drei Jahre später Goethe zu einer würdigen »Erwähnung« in den Horen empfahl. Becker war Belletrist und Kunstschriftsteller, lehrte seit 1782 an der Ritterakademie in Dresden, war davor aber Lehrer am berühmten Dessauer Philantropin gewesen, einem der pädagogischen Kernprojekte im »Gartenreich« Anhalt-Dessau.

Die zweite Beschreibung lieferte der wegen seiner literarischen Produktion als »sächsischer Dichterpfarrer« bekannte Karl Josef Friedrich (1888–1965) 1930. Ein Jahr nach Erscheinen des Buches gründete der Seifersdorfer Theologe dann in der Marienmühle das erste Talmuseum, in dem er neben den Stichen aus Beckers Buch Bildnisse und Autographen ausstellte. Zwar sind dank der schon 1981 und damals vor allen von Absolventen der Technischen Universität Dresden begonnenen Pflege- und Rekonstruktionsbemühungen über die Hälfte der einst angelegten Gartenszenen bis heute zumindest als Fragmente oder in Spuren auffindbar. Wenn man sich aber eine halbwegs objektive Vorstellung von der ursprünglichen Seifersdorfer Anlage machen will, ist Friedrichs Buch bis heute unerlässlich. Es beschreibt nicht nur die bestehenden und die verlorenen Denkmäler und Gartenszenen mit ihren Inschriften und Tafeln, sondern liefert auch zahlreiche Hintergrundinformationen und Erklärungen. Auf die Frage allerdings, ob in diesem Landschaftsgarten eine Grundidee verwirklicht worden ist, wird man, wie schon angedeutet, weder bei Friedrich noch bei Becker eine Antwort finden.

So scheint es nur plausibel, Seifersdorf als eine »ganz auf den persönlichen Horizont der Brühls« abgestimmte, »recht unprogrammatische Verschönerung« zu betrachten, wie es uns der bereits anfangs zitierte Adrian von Buttlar nahe legt.[105] Es ist unzweifelhaft, dass diese eigentümliche und erklärtermaßen persönliche, aus eigenen Erfahrungen, Be-

Seifersdorfer Tal, Denkmal für Prinz Leopold von Braunschweig

ziehungen, Lesefrüchten und Visionen gebildete Schöpfung so zu empfinden ist und heute von den meisten Besuchern des Seifersdorfer Tals auch in dieser Weise wahrgenommen wird: wie eine Folge kaleidoskopischer Bilder und Sätze, die hier ein erhabenes Gefühl, da Trauer oder Nachdenken und dort Freude, Lust oder sinnlichen Genuss hervorrufen und damit die kaum veränderte Natur mit Bedeutsamkeit für den Betrachter erfüllen.

Die Leipziger Landschaftsarchitektin Kathrin Franz, die zu den aktivsten Wiederentdeckern und Pflegern der Anlage seit Anfang der 1980er-Jahre gehört, hat anlässlich des Neudrucks von Friedrichs »Führer durch das berühmte Seifersdorfer Tal« überhaupt erstmals den Versuch unternommen, hinter den einzelnen Bildern und ihren Beziehungen eine bindende Idee zu entdecken. Das Tal von Seifersdorf aus über die Schönborner Straße betretend, entdeckt sie nach der die alltäglichen Bedrängnisse ausspülenden »Quelle der Vergessenheit der Sorgen« die Szenerie einer sanften »Schlacht«, die hier »im Tal geschlagen werden« solle, einer »Schlacht unter den Fahnen von Wissenschaft und Kunst für die Erneuerung des Vaterlandes«.[106]

Der Eröffnungssatz dieses romantischen Stückes, so könnte man in der Begrifflichkeit der Musik formulieren, wurde durch das Wechselspiel von vier Stimmen getragen. Die beiden führenden waren das rechts, hoch über dem Tal auf dem Bergsporn des sogenannten Burgberges postierte »Hermanns-Denkmal« und der linker Hand im Tal, in unmittelbarer

Nähe des Flusses errichtete »Tempel der Musen«. Die antwortenden, kommentierenden und das angeschlagene Thema weiter ins Tal transportierenden Stimmen wären demzufolge die Denkmäler für Herzog Leopold von Braunschweig (1752–1785) und die Weimarer Musen-Herzogin Anna Amalia (1739–1807). Vom »Tempel der Musen« aus erblickte man sie im malerischen Rahmen der sie umgebenden Natur auf dem gegenüberliegenden Ufer. Von dort wiederum bestand eine Blickbeziehung zum Denkmal für den Cherusker-Fürsten Hermann.

Leopold von Braunschweig, Generalmajor in preußischen Diensten, war bei dem Versuch, während eines Oderhochwassers in Frankfurt vom Wasser Eingeschlossene zu retten, selbst ertrunken. Er hatte »Fürstenblut für Bürger« vergossen, wie es pathetisch hieß. Der einem umfassenden Egalitätsgedanken Verpflichtete hatte schon zu Lebzeiten als das Musterbild eines aufgeklärten Fürsten gegolten. Sein Opfertod machte ihn zum Heroen, dem die aufgeklärten Geister Deutschlands Bildwerke, Denkmäler und Dichtungen widmeten. In Seifersdorf verglich man ihn mit einem Adler, der die Erde besucht, »doch säumet er nicht«, so sagt die Inschrift, »schüttelt vom Flügel den Staub und kehrt zur Sonne zurück«.

Während die Brühls den Braunschweiger Fürsten nur noch verehrend in den Himmel heben konnten, pflegten sie zu dem von der Herzogin-Witwe Anna-Amalia bestimmten Weimarer Kulturkreis seit 1781 einen unmittelbaren, lebendigen Kontakt. Zwar wurde eine nähere Beziehung zu Goethe durch dessen kritisch-überlegene Reserviertheit blockiert, doch avancierten der schon erwähnte Wieland und Johann Gottfried Herder (1744–1803) zu so etwas wie geistigen Tal-Heiligen. Insbesondere der Philosophie Herders fühlte sich die einen enthusiastischen Idealismus lebende Tina von Brühl verbunden und zitierte viel und gern auf den zahlreichen Tafeln aus seinem Werk. Seine Vision von der Bildung des Menschen zu »Vernunft und Freiheit, [...] feineren Sinnen und Trieben«, zu einer zugleich »zartesten« und »stärksten Gesundheit«, wie er sagte, und »zur Erfüllung und Beherrschung der Erde« beflügelte wohl auch sie bei der Gestaltung des Seifersdorfer Tales.

In der Nähe der Mühle fanden die Besucher ursprünglich eine Felsinschrift. »Dein Leben, Mensch«, so hieß es da, »sei eine Reise./Der Weg verführt, geh, lern, sei weise.« Das war zunächst die klare Aufforderung, die eigene Existenz als Bewegung, als Prozess, eben als »Reise« zu leben, offenbar nicht auf vorhandenen Wegen, die Aufforderung zu lernen und das Erfahrene klug zu gewichten. Zugleich steckt in dieser sibyllinisch klingenden Anweisung eine der zentralen Gestaltungs- und Wahrnehmungsprämissen des Landschaftsgartens, nämlich die revolutionäre Trennung von Weg- und Blickachse. In Konsequenz hieß das nichts anderes, als den Gartens als komplexes, als räumliches Gebilde und nicht als eine fixierte Abfolge von Bildern zu begreifen, und zwar mit durchaus unberechenbaren Sinnen. Im Seifersdorfer Tal ist dieser Raum das Leben, exemplarisch durchgespielt von Tina und Moritz von Brühl, zum empfohlenen aufklärerischen Selbstexperiment für die Besucher.

Die Brühls waren durch ihren biographischen Hintergrund prädestiniert für ein solches Unternehmen. Der rasch emporgestiegene Stern der Familie war gemeinsam mit dem Sachsens in die Asche des Siebenjährigen Krieges gestürzt. Gemessen an dem Reichtum, den er in kürzester Frist angehäuft hatte, hinterließ Heinrich Graf von Brühl seinem Sohn Moritz fast nichts, dafür aber den zweifelhaften Ruf, einen Kriminellen als Vater gehabt zu haben. »Dem, dessen Andenken besudelt ward, und der doch gedenkwürdig ist«, war einer der Sprüche, die Moritz in Stein gemeißelt seinem Vater – allerdings in Latein – an sein als Fragment im Seifersdorfer Tal noch vorhandenes Denkmal lehnte.

Schnell war Heinrich nach dem Krieg seinem König in den Tod gefolgt. Ein Prozess gegen ihn und seine Mitarbeiter konnte ihn nicht mehr erreichen – und natürlich kam es auch zu keinem Urteil, denn das hätte den König und damit die Monarchie womöglich gleich mit vom Sockel gekippt.

Das heruntergekommene Gut Seifersdorf, mit dem Heinrich von Brühl nach dem Tod des Vorbesitzers 1747 belehnt worden war, gelangte erst 1774 und nach mehreren Erbvergleichen zwischen den vier Brühl-Söhnen aus der gepfändeten Erbmasse an Moritz und seine ihm drei Jahre zuvor angetraute Tina – Christina Margarita Schleyerweber, die Tochter eines elsässischen Offiziers, die eigentlich keine standesgemäße Partie für Moritz darstellte.

Doch nun kümmerte sich das junge Paar nicht etwa um die Sanierung des alten Renaissanceschlosses, sondern zog kurzerhand in das ebenso wenig wie ihre Verbindung als standesgemäß zu bezeichnende Herrenhaus ein. Verbürgerlicht durch die Umstände, aber vor allem durch innere Neigung, dürfte das Paar, als es sein Gartenprojekt in Angriff nahm, hochsensibilisiert gewesen sein für den aufziehenden, tief bis in das Gefühlsleben des Individuums hinein sich auswirkenden Zeitenwechsel.

Das sich bemerkbar machende Kippeln der Throne weckte dabei unter anderem das Interesse an ihren womöglich vernachlässigten Fundamenten. Unter den samtverkleideten Podesten der unzähligen deutschen Fürstenstühle begann man plötzlich so etwas wie eine nationale Fundamentierung, Hermann den Cherusker als ihre markanteste Personifikation und die Eiche als ihr eindrücklichstes Symbol neu zu entdecken. Schon von Luther und Hutten gerühmt, ist das Bild des Freiheitsheroen in der Literatur des 18./19. Jahrhunderts vor allem durch Wieland, Klopstock (1724–1803) und Kleist kultiviert, kurz darauf allerdings schon in Heinrich Heines »Wintermärchen« in den wenig klassischen Morast des Teutoburger Waldes zurückgeschickt worden.

Mit Hermann pflanzte der aufgeklärte deutsche Humanismus seine Freiheitssehnsucht in die vorchristlichen germanischen Wälder und träumte davon, sie als primus inter pares in die Wirklichkeit der Welt zu transferieren. Und gerade in der Enttäuschung darüber, dass »sie«, die Franzosen, »und nicht wir«,[107] die Deutschen, es waren, die scheinbar als erste die Freiheit errungen, den Krieg an die Kette gelegt und die Despoten vertrieben hatten, fand sie ihren überzeugendsten Ausdruck. Aufklärung blieb in Deutschland vornehmlich eine Sache des Geistes und der Pädagogik und man versuchte die Revolutionen unblutig, in den Köpfen, auszutragen.

Folgerichtig stellte man dem martialisch anmutenden Denkmal für den »Befreyer Teutschlands« im Tal den »Tempel der Musen« als Pendant entgegen. Sein antikischer Portikus bestand – wie die meisten Bauten der Anlage – der beschränkten Mittel wegen nur aus Holz. Der darin formulierte Anspruch allerdings war keineswegs bescheiden, ganz im Gegenteil. Nicht nur die neun Musen, die Schutzgöttinnen der Künste und der Wissenschaften, sondern auch ihr Führer, Gott Apoll selbst, saßen dort dem durch eine Büste anwesenden Christoph Martin Wieland symbolisch zu Füßen und weihten, wie auf dem Postament zu lesen stand, »ihrem Liebling unverwelkliche Kränze«. Während August der Starke sich damit begnügt hatte, als Herkules Saxonikus den Göttern ebenbildlich zur Seite zu stehen, und Ludwig XIV. als Sonnengott posiert hatte, übernahm hier ein Lebender die Führung, und das offenbar nicht nur mit Billigung, sondern mit der freudigen Zustimmung der Götter.

Der Besucher, der in diese umgestürzte, visionäre Welt des Tales eintauchte, war mehr denn je auf sich selbst gestellt und überdies gewarnt. Schon die Frage, ob er zunächst den Weg flussaufwärts oder lieber den mit dem Wasser gehen sollte, war und ist nicht zu entscheiden. So bleibt, wie oben schon angedeutet, die verinnerlichende Wahrnehmung des Ganzen, in allen seinen einzelnen eigenwertigen Facetten.

Eine frühe Enthusiastin schrieb in ihr Tagebuch, dass sie sich noch nie in einer so »sittlich-wollüstigen« Stimmung wie im Seifersdorfer Tal befunden habe,[108] und deutete damit wohl unbewusst die beiden Pole an, zwischen denen die Gartenszenen an diesem Ort auch in ihrer räumlichen Ordnung strukturiert sind.

Wandert der Besucher aus dem oben beschriebenen Zentrum der Anlage flussaufwärts, so gelangt er am Ende noch heute zu einem der »Tugend« gewidmeten Altar. Ursprünglich bildete dieser mit einem Tempel, der »dem Andenken guter Menschen gewidmet war«, eine Einheit. »Das innen rosenfarbig ausgemalte und mannigfach ausgestattete Holztempelchen schmückten die vier Ehrenbilder der Frömmigkeit, der Treue, der Beständigkeit und der Großmut, über denen die Sonne der Wahrheit strahlte. Öffnete man die auf Rollen laufende Rückwand, so wurde der Blick auf eine als Elysium identifizierte Wiese frei, nach dem Glauben der Griechen das glückliche Land der Seligen. Aber«, so schrieb Karl Josef Friedrich, es durfte nur der ins Elysium, »der auf dem Altar der Tugend geopfert hatte«.[109]

Rückschauend wird deutlich, dass alle Szenen dieses flussaufwärts liegenden Gartenkomplexes um das Thema des Opfers, der Selbstlosigkeit und ein auf das Jenseits gerichtetes, geistiges – und das meint tugendhaftes – Leben kreisen. Das hebt an mit dem glorifizierten Opfertod Leopolds von Braunschweig, führt über die entsagende Liebe Petrarcas zu seiner Laura und den von Lawrence Sterne beschriebenen Einsiedler Lorenzo. Dieser seinerzeit populären literarischen Gestalt war ursprünglich nicht nur ein Grab, sondern auch eine Hütte gewidmet, in dem ein Bildnis der Gräfin Tina als Nonne hing. Auch existierte eine »Kapelle zum guten Moritz«, die der Darstellung der selbstlos menschenfreundlichen Handlungen des Grafen diente.

Beginnend mit dem Denkmal für die Herzogin Anna Amalia, erstreckte sich flussabwärts hingegen ein szenischer Komplex, der dem tätigen Leben, der Geselligkeit und Freundschaft, Wissenschaft und Künsten, aber auch dem sinnlichen Genuss und der erfüllten körperlichen Liebe gewidmet war. Vorbei an den Denkmälern für die Väter der Brühls, den von Tina und Moritz als »Sänger des Thales« verehrten Herder, den mit der Familie befreundeten Musiker Johann Gottlieb Naumann (1741–1801) oder eine für das Betrachten des Sonnenuntergangs installierte Bank gelangt man noch heute zu der reizenden Statue eines kindlichen Amor (Farbtafel 21). Spielerisch unbekümmert jongliert er mit zwei Sanduhren und erinnert daran, dass die Zeit nicht nur vergeht, wenn die Geliebte fern ist, sondern auch, wenn sie einem in den Armen liegt.

Dieser Amor stand ursprünglich zwischen den Säulen eines dritten Tempels, den der Park besaß. Noch etwas flussabwärts stieß man auf die Bildsäule und den Altar eines Pan. Auf der folgenden Wiese sollten, wie der oben erwähnte Wilhelm Gottlieb Becker mitteilte, »verstreute Hütten mit Inschriften aus Geßners Idyllen Arkadien«[110] beschwören, also ein weltliches Gegenbild zum Elysium der Toten am anderen Ende des Tals.

Warum dieses Arkadien nicht realisiert worden ist, wissen wir nicht. Vielleicht war es ein Zurückschrecken vor dieser letzten gedanklichen Konsequenz, die ein irdisches Paradies gleichberechtigt neben dem himmlischen etabliert hätte, die Körper und Geist sein wollte, Opfer und Täter, vaterländisch und universell, wollüstig und sittlich.

Hermsdorf nicht zu vergessen

Es sind beileibe nicht nur die etwas spätromantisch konstituierten Geister, die der eigentümliche Zauber des Seifersdorfer Tales in seinen Bann schlägt. Dass das in einem eigenen Kapitel bereits beschriebene Moritzburg zum Beispiel in einem Ballon bei günstigem Wind in nur einer Abendstunde erreichbar wäre, will gar nicht für möglich gehalten werden in Anbetracht der wachsenden Ruhe und der aus dem Augenhorizont entschwindenden Talkanten. Und dass Wachau mit seinem prächtigen Barockschloss gar nur zwei Kilometer Luftlinie entfernt liegt und Hermsdorf (Farbtafel 20) lediglich doppelt so weit und überdies an der Röder flussab erwanderbar ist, bleibt vielfach ausgeblendet.

Gerade das fast simultane Erlebnis der idealisierten, zum Kunstraum erklärten Natur der Brühlschen Schöpfung und jener imposanten barocken Wasserachse von Hermsdorf, welche die Erde wie ein Meridian des Absoluten zu durchmessen scheint, verdeutlicht den mit diesen beiden Gestaltungen verbundenen Epochenumbruch schlaglichtartig.

Der beinahe 400 Meter lange, auf die südöstliche Stirnseite des Schlosses bezogene Kanal ist das wesentliche Element des hier seit 1720 nach den Vorstellungen des damaligen Schlossherrn, Adam Heinrich von Flemming (1687–1744), angelegten Barockparks gewesen. Anders als sein Vetter Jakob Heinrich von Flemming (1667–1728), der August dem Starken die polnische Krone ergattert hatte und als Generalfeldmarschall und Kabinettsminister zu den einflussreichsten Persönlichkeiten des sächsischen Hofes gehörte, war der Hermsdorfer lediglich als Kammerherr für den Monarchen tätig. Seinen zeittypischen Hang zu prächtiger, die eigenen Finanzen überfordernder Haushaltung hat das offenbar nicht dämpfen können. Doch war der königliche Kammerherr immerhin so geschickt, dass erst sein Nachlass in Konkurs geriet.

Neben der Anlage des Parks ließ Flemming mit der Modernisierung des alten Renaissanceschlosses beginnen, das hier in der zweiten Hälfte des 16. Jahrhunderts an der Stelle einer mittelalterlichen Wasserburg errichtet worden war. Glück war dem Bauherrn dabei allerdings nicht beschieden. Das Schloss brannte während des Umbaus am 4. Juni 1729 bis auf das Erdgeschoss nieder. So wurde es schließlich erst 1732 fertig, gerade noch rechtzeitig, um August den Starken zu empfangen, der auf einer Reise nach Polen durch Hermsdorf kam.

Hermsdorf, Blick zum Schloss

Im Gegensatz zur gestalterischen Kühnheit, von der bis heute die scharf in die grüne Landschaft schneidenden Blickachsen des Flemmingschen Parks zeugen, hat der Umbau das Schloss zu einem pittoresken und ein wenig linkisch anmutenden Wechselbalg zwischen den Stilen geführt. Hinter den Torpfeilern, auf denen barocke Wappenvasen stehen, empfängt er die Besucher nach wie vor mit der geradezu winzigen Pforte seines alten achteckigen Treppenturms. Dieser, in die Mitte des Schlosses verschlagen, hat nun die Aufgabe, neben der Zeit auch auf die wirklichen Eingänge zu weisen: strenge, noch dem Formenkanon der Renaissance verpflichtete Säulenportale, die sich rechts und links neben ihm befinden und von spätbarocken Türblättern geschlossen werden. Auch steht das neue Schloss weiterhin auf seinem alten Inselgeviert. Es ist noch an zwei Flanken von Wasser umflossen und nicht nur die Mauern, sondern auch drei der vier Ecktürme erinnern an die alte, kastellartige Anlage, ganz ähnlich der, wie sie im nahen Moritzburg existierte.

Dass auch der Park ein zweites, ebenfalls planmäßig gestaltetes Gesicht besitzt, offenbart dieser dem vorurteilslosen Besucher erst nach und nach – wenn überhaupt. Seit 1764 entstand hier neben der barocken Anlage und teilweise in diese eingreifend der vermutlich erste englische Garten Sachsens. Er geht auf Peter August von Schönberg (1732–1791) zurück, den Schwiegersohn der damaligen Besitzerin Charlotte Sophie von Hoym (1733–1808). Da Schönberg selbst mehrere Male in England gewesen war, schöpfte er, anders als etwa die Brühls, nicht aus der Literatur, sondern aus der Begeisterung für das Original.

Deutlicher als die heutige Realität zeigen ältere Pläne, wie barocke Zirkel oder Geraden plötzlich zu unregelmäßigen Umrissen ausbauchen, sich weich in die Landschaft biegen und wie auch hier die Rückkehr zur Natur und die melancholische Hingabe in ihr so leicht zerfließendes Dunkel geprobt wurde. »Traurig süßer Ort«, war auf einer ovalen Tafel unter einer zerbrochenen Vase zu lesen, »Wie gern weilt ich bey dir/Unterdeß der Geist/Bei ihrem Geiste ist.«[111] Statt der Gartenrevolution, die ja bekanntlich selbst vor Versailles nicht halt machte, fand hier der Versuch einer Symbiose von geometrischem und naturidealem Garten statt, wie sie im Verlauf des 19. Jahrhunderts zunehmend auch für Neuanlagen üblich geworden ist. Ein Urteil aus dem Anfang dieses Jahrhunderts aufgreifend, zählt Hugo Koch Hermsdorf vor allem aus diesem Grund »zu den hervorragendsten Schöpfungen der sächsischen Gartenkunst«.[112]

Ordentlich Heimweh nach Sachsen – Die Albrechtschlösser

Auf Findlaters Weinberg

»Einmal waren wir auf Findlaters, wo mich die schöne Aussicht so frappierte, dass ich ordentlich Heimweh nach Sachsen bekam, obgleich ich mitten drin saß.«[113] Diese merkwürdige, von Wilhelm von Kügelgen (1802–1867) unter dem 10. Juni 1833 und vermutlich mit leichtem Kopfschütteln in sein Tagebuch notierte Selbstbeobachtung bringt auf den Punkt, was für die Wahrnehmung der Albrecht- oder Elbschlösser (Farbtafel 22) im Kontext des Welterbes Dresdner Elbtal vielleicht bis heute eigentümlich geblieben ist.

Ihre jüngere Geschichte begann in den Napoleonischen Kriegen, im Jahr 1803, und zwar mit einem englischen Adligen, Lord Findlater, eigentlich James Ogilvy, 7. Earl of Findlater, 4. Earl of Siefield, Graf und Pair von Schottland (1750–1811). Findlater war wegen seiner homoerotischen Neigungen aus England ausgewiesen worden. Während einer Europareise hatte er auf den Loschwitzer Elbhängen den Platz entdeckt, auf dem er sich niederzulassen gedachte. Da er jedoch als Ausländer kein Grundeigentum in Deutschland erwerben durfte, trat Johann Georg Christian Fischer (1773–1860) als Käufer für ihn auf. Fischer war nicht nur der Sekretär Findlaters, sondern vor allem sein Geliebter. Ihre gemeinsame Grabstätte findet sich noch heute auf dem Loschwitzer Friedhof. Wohl sehr begünstigt durch die schwierigen Zeitumstände, gelang es Fischer binnen weniger Jahre, sämtliche Weinberge zwischen dem Zschortengrund (Schotengrund) und dem Mordgrund für Findlater zu übernehmen. Gekrönt wurde dieser Erwerb durch das 1811 vollendete Landhaus an der Stelle des heutigen Schlosses Albrechtsberg. Das klassizistische, mit einem säulengestützten Balkon an die Talkante tretende und von einem Belvedere bekrönte Gebäude besaß, so der Kritiker Ludwig Rellstab (1799–1860), das »Höchste an Glanz und Behaglichkeit [...] was die Vorstellung sich nur träumen konnte«.[114]

Der Genuss daran allerdings währte sowohl für Findlater als auch für Fischer nur kurz und gehörte in jenem Sommer 1821, in dem Rellstab über Dresden zu seinem berühmten Kollegen Jean Paul wanderte, schon der Vergangenheit an. Der Lord war kurz nach Fertigstellung bereits im Herbst 1811 an einer Erkältung gestorben und seinem Geliebten wie Haupterben vergällte die unberücksichtigt gebliebene ferne Verwandtschaft sein Erbe derart, dass er den Besitz zehn Jahre später verkaufte. Ein Segen war das insofern, als Findlaters Weinberg nun als Ausflugslokal Karriere machte, also für die Öffentlichkeit zugänglich wurde, »mit der schönsten Aussicht auf halb Sachsen und Böhmen«,[115] wie der offensichtlich stark euphorisierte Rellstab auf seiner Rückreise notierte.

Ein preußisches Schloss in Sachsen

Nach einem Dezennium, das vor allem durch den raschen Wechsel verschiedener Besitzer bestimmt worden war, erwarb 1850 Ernestine Baronin von Stockhausen Park und Schloss. Wie der Findlater-Partner Fischer agierte auch die preußische Hofmarschällin quasi als Stroh»mann«, und zwar für ihren Herrn, Prinz Albrecht von Preußen (1809–1872).

Die Ironie der Geschichte hat es gewollt, dass der Grund für den Erwerb wiederum eine problematische Liebesangelegenheit war, jedoch eine wesentlich kompliziertere als die Findlatersche. Tatsache ist, dass der Prinz 1849 von seiner Gattin, Marianne von Nassau-Oranien (1810–1883), geschieden wurde und vier Jahre später mit der ehemaligen Hofdame seiner Frau, Rosalie von Rauch erhobene Gräfin von Hohenau (1820–1879), eine zweite Ehe einging. Diese unstandesgemäße Beziehung und das strenge Familienreglement werden gemeinhin als Grund für den Dresdner Wohnsitz genannt. Der eigentliche Eklat aber bestand wohl darin, dass nicht der Prinz, sondern dass Marianne mit dem untreuen Prinzen gebrochen und die Scheidung verlangt hatte. Schon 1845 hatte sie ihre Familie verlassen, um künftig mit einem ihrer Bediensteten zusammenzuleben. Erst als aus dieser Verbindung ein Kind hervorging, gestand man ihr eine Scheidung zu. Freilich kam es dadurch auch zum Abbruch sämtlicher Beziehungen der Höfe in Haag und Berlin und zu ihrer Ausweisung. Selbst der Kontakt zu den aus der Ehe mit Albrecht von Preußen hervorgegangenen Kindern blieb ihr künftig verwehrt.

Dass für einen preußischen Prinz ein ehemaliges Ausflugslokal keine standesgemäße Wohnung sein konnte, scheint selbstverständlich, zumal sie von jemandem erbaut worden war, der aus damaliger Sicht den sprichwörtlichen Dreck am Stecken gehabt hatte. Aber was der Hofbaumeister und Schinkel-Schüler Adolph Lohse (1807–1867) dann aufs Entwurfspapier zauberte, das nahm sich wie ein Affront gegenüber der Residenz der sächsischen Könige aus. Immerhin hatte Sachsen erst reichlich dreißig Jahre zuvor wesentlich auf Betreiben Preußens die Hälfte seines Territoriums eingebüßt. Und nun sah es ganz danach aus, als sollte sich der Aufstieg des preußischen Rivalen zur deutschen Führungsmacht als architektonisches Spektakel auch an den lieblichen Loschwitzer Elbweinhängen manifestieren.

Von der »hellenisch« inspirierten Palastarchitektur, die in mächtigen steinernen, mit hohen Kolonnaden und Tempelfronten bestückten Stufen den Hang aufwärts bis unter das

Blick über das Römische Bad zum Schloss Albrechtsberg

Schloss emporsteigen sollte, konnte aber trotz aller Bemühungen lediglich die untere Hälfte realisiert werden. Der sächsische Untergrund, so könnte man frotzeln, war dagegen. Er bestand zwar hier wie in Preußen aus Sand, lag aber auf einer Tonsohle und drohte deshalb bei starker Belastung abzurutschen. Versuchte man ansonsten weitgehend ohne qualifiziertes sächsisches Personal auszukommen, mussten für diesen Fall Bergleute aus Freiberg angeheuert werden. Sie trieben Stollen in den Hang, um das auf der Tonsohle fließende Wasser abzuleiten, und stützten die Fundamente durch Pfeiler, die bis auf den unter der Tonschicht liegenden Kies reichen.

Das fühlbar Fragmentarische der Anlage und der fast auf Turmhöhe emporgewachsene Baumbestand haben das Anmaßende des ursprünglichen Planes wesentlich gemildert und verändert. Schon zeitgenössische Ansichten vermitteln den Eindruck, als stünde Schloss Albrechtsberg auf seinem überbuschten, nur von einem Wegekreuz durchschnittenen Hang über einer langsam in den Berg sinkenden antiken Tempelstadt. Die imposanten Brückenbögen der Fahrstraße, die von der weitläufigen Terrasse mit dem Römischen Bad in zwei engen Kurven die Talkante erklimmt, sind nur im Winter auszumachen. Erst durch direkte Begehung erschließt sich die wirkliche Dimension dieser unter nordischem Himmel abgekühlten Antike. Einerseits mutet sie wie eine Kulisse an, andererseits lassen ihre glatten, hohen, etwas geneigten Mauern sie aber auch wie eine Festung erscheinen.

Diese penibel genaue, immer etwas steife Prächtigkeit, die nicht nur den späten Klassizismus, sondern auch die folgende Epoche des Historismus charakterisiert, rührt vor allem aus der Regulierung des historischen Vorbildes her, die mit der Maschinenarbeit unweigerlich einhergeht. Sie bestimmt auch den äußeren Habitus des Schlosses und seine noch erhaltenen Innenraumgestaltungen.

Auf der Elbseite ist es neben den Vasen und Figuren auf der Dachbalustrade insbesondere der durch seine großen, aufwändig gegliederten Fenster und die figürlichen Reliefs aufgewertete Erker, der das Bild des steinsichtigen Baukörpers belebt. Die Elbfront stellt, wenn man so will, zugleich die privateste und die öffentlichste Seite des Schlosses dar. Sein repräsentatives, herrschaftliches Gesicht bietet es dagegen dem Besucher, der sich von der Bautzner Straße durch die enge Einfahrt zwischen den beiden Torhäusern her nähert. Ein Band strenger Ordnung ist dort in den ansonsten landschaftlich gestalteten Garten wie ein Teppich vor die Fassade gelegt. Über der Klammer der zum Schloss hin ansteigenden Fahrbahn, die von Blumen geschmückte, abgezirkelte Rasenflächen und Brunnen umschließt, präsentiert sich die Residenz in strenger Symmetrie: ein dreiachsiger, von einem Dreiecksgiebel geschlossener Mittelrisalit, je fünf Fensterachsen zu beiden Seiten, die stolz salutierenden Türme, dazwischen die mildernde Horizontale der Dachbalustrade, die auch hier von Vasen und Figuren belebt wird.

»Das prinzliche Ehepaar«, so weiß man aus ihrer nächsten Umgebung, führte »einen ernsten, streng preußischen Hofhalt« und veranstaltete nur selten, vor allem an den Geburtstagen der Gräfin, größere Empfänge.[116] Als Albrecht ein Jahr nach der Reichsgründung während eines Aufenthaltes in Berlin starb und auch als Toter nicht wieder nach Dresden zurückkehrte, verließ die Gräfin von Hohenau Schloss und Park Albrechtsberg nicht mehr. Man bestattete sie in dem zu einem Mausoleum umgestalteten Badehaus, am Ufer des künstlich angelegten Sees in der nordwestlichen Partie des Parks.

Ihr Sohn, Graf Wilhelm von Hohenau (1854–1930), verkaufte Schloss Albrechtsberg 1925 an die Stadt Dresden, die das Areal ab 1930 für die Allgemeinheit zugänglich machte und für Kongresse und Feste nutzte. Dem Volkssturm während des Zweiten Weltkrieges folgten 1945 Soldaten der Roten Armee, dann zahlungskräftige Gäste eines sowjetischen Intourist-Hotels und, ab 1951, die Jungen Pioniere. Wie man in den Stalinalleen der großen Städte Wohnpaläste für die Arbeiter baute, bezogen auch die Kinder der neuen »herrschenden Klasse« hier ihren »Palast«. Heute ist das Schloss vor allem wieder ein Ort festlicher Veranstaltungen von der Hochzeit bis zu Konzerten klassischer Musik.

Villa Stockhausen – Lingnerschloss

Bereits neun Jahre bevor die Stadt Dresden Schloss Albrechtsberg erwarb, hatte ihr Karl August Lingner (1861–1916) das benachbarte Grundstück mit der ehemaligen Villa Stockhausen vererbt. »Der Park ist«, so hatte er apodiktisch in seinem Testament verfügt, »der gesamten Bevölkerung zugängig zu machen, in dem Hauptgebäude ist thunlichst ein Restaurant oder Café mit billigen Preisen einzurichten [...]. Ich wünsche kein Etablissement für nur reiche Leute. Ich will, daß die gesamte Bevölkerung in die Lage gebracht wird, mit einer Ausgabe von 20 bis 30 Pfennigen die Schönheit dieser herrlichen, in Europa einzigartigen Lage zu genießen.« Schon 1917 ist das Grundstück für das Publikum geöffnet worden und auch die Auflage, dass es weder bebaut noch geteilt werden sollte, hat die Stadt befolgt. Inzwischen gibt es durch die von einem Förderverein in Gang gesetzte Sanierung und den Einzug des Welterbezentrums Dresdner Elbtal wohl auch eine Zukunft, wie Lingner sie sich vielleicht selbst hätte vorstellen können.

Nachdem es ihm in Paris weder gelungen war, ein Musikstudium zu beginnen, noch sich als Handelsvertreter zu etablieren, war Lingner nach einem kurzen Intermezzo in der Nähmaschinenfabrik Seidel & Naumann durch die Vermarktung eines Antiseptikums gleichsam über Nacht zum Millionär geworden. Mit der Entwicklung des legendären Odol-Mundwassers wurde er einer der ersten, dem es gelang, eine Weltmarke zu kreieren. Wobei er seine unternehmerischen Interessen früh mit sozialem und kulturellem Engagement verband. Am bekanntesten ist Lingner in diesem Zusammenhang als Gründer des Deutschen Hygiene-Museums im Nachgang zu der von ihm initiierten I. Internationalen Hygieneausstellung geworden, die 1911 in Dresden stattgefunden und über fünf Millionen Besucher gezählt hatte. Zu dem schon damals ins Auge gefassten Museumsbau ist es, wie an anderer Stelle bereits erwähnt, jedoch erst Ende der 20er-Jahre gekommen.

Lingner hatte die Villa Stockhausen 1906 vom Sohn seines ehemaligen Arbeitgebers Karl Robert Naumann (1844–1903) erworben und vom Architekten des späteren Hygiene-Museums, Wilhelm Kreis, modern ausbauen lassen. Ihr Inneres glich aber schon damals nicht mehr dem »Häuschen«, das der Hofmarschall von Stockhausen sich von Prinz Albrecht auf dem benachbarten Weinberg erbeten und das dessen Familie 1891 an Naumann verkauft hatte. Offensichtlich besaß das gleichfalls von Adolph Lohse im Stil des Berliner Spätklassizismus entworfene und von 1850 bis 1853 errichtete Gebäude keine repräsentativen Aufgaben.

An einem kleinen Torhaus vorbei führt ein sanft ausbiegender Weg an der Kante eines imposanten, in einer Mulde lagernden, großartigen Wiesenraumes entlang und läuft dann von der Seite auf den von Säulen markierten Eingang der Villa zu. Vor allem durch die beiden Ecktürme erscheint sie auf dieser, dem naturhaft gestalteten Park zugewandten Seite fast abweisend.

Umso deutlicher öffnet sich die Villa zum Fluss hin. Vom Tal her ist von den Türmen nur noch ihr oberes, fast gänzlich von Fenstern durchbrochenes Belvedere-Geschoss sichtbar. Die Mitte des Bauquaders wird durch eine ursprünglich eingeschossige, mehr als die Hälfte der Fassade beanspruchende Loggia bestimmt. Die beiden in oktogonale Pavillons mündenden Kolonnaden erscheinen geradezu wie zwei sich ausbreitende Arme. Sie öffnen sich nicht nur zur Sonne, sondern unmittelbar zu dem unter ihnen liegenden Weinberg, in den im Jahr 1921 ein kleines, von Hans Poelzig (1869–1936) entworfenes Mausoleum für Lingner implantiert worden ist. Die Figurenreliefs stammen von Georg Kolbe (1877–1947). An der unteren Kante des Hanges schließlich antworten zwei geometrisch beschnittene Platanenreihen als grünes Echo der ausgreifenden Gestalt der Stockhausenschen Villa.

In der Kontrapunktik von Natur und Kultur sind die Villa und ihr Park ohne Zweifel das inhaltlich am konsequentesten und klarsten durchgestaltete Schloss-Garten-Ensemble unter den drei Elbschlössern.

Gotik, Blumen und Wildnis

Die verallgemeinernde Bezeichnung Albrechtschlösser trifft auf Schloss Eckberg am wenigsten zu. Schloss und Park sind in ihrer heutigen Gestalt im Wesentlichen durch den Großkaufmann John Daniel Souchay und den Pharmazeuten Ottomar Heinsius von Meyenburg (1865–1932) geprägt worden und nie im Besitz des preußischen Prinzen gewesen.

Schon 1837 war das etwa 15 Hektar große Grundstück am Mordgrund aus dem ehemals Findlaterschen Besitz herausgelöst worden und reichlich 20 Jahre später in den Besitz von Souchays gelangt. Er ließ das bestehende Haus abreißen und an seiner Stelle jenes neugotische Gebäudekonglomerat errichten, dessen pittoreske Gestalt an eine mittelalterliche Adelsburg erinnert. Als Architekt zeichnete der Semperschüler Christian Friedrich Arnold (1823–1890) verantwortlich. Er hat unter anderem die im Zweiten Weltkrieg zerstörte Kreuzschule am Georgplatz erbaut, an die heute nur noch das Denkmal des ehemaligen Kreuzschülers Theodor Körner (1791–1813) erinnert.

Wie Schloss Albrechtsberg und die Villa Stockhausen besitzt auch die Villa Souchay respektive Schloss Eckberg ein architektonisches Entree an der Bautzner Straße. Es besteht

Schloss Eckberg

aus einem Torwärterhaus und mehreren Wirtschaftsgebäuden, die wie das ehemalige Kavalierhaus in den exklusiven Hotelbetrieb integriert sind, der sich hier Mitte der 1990er-Jahre etabliert und die Anlage wieder für die Öffentlichkeit zugänglich gemacht hat.

Die weite Wiesenfläche, die den Park am Eingang charakterisiert, bildet einen schönen, zeittypischen Kontrast zu dem kleinen, geometrisch gestalteten Garten an der ehemaligen Gärtnerei. Trichterförmig verengend, senkt sie sich Richtung Elbe bis zu einem kleinen Teich hinab. Dessen Fontäne fokussiert den Blick dann endgültig auf das etwas erhaben postierte Schloss, um sich auf dessen Terrasse dann um so überwältigender ins Elbtal zu weiten. Erst der zweite Blick fällt auf den Garten, der auf dem darunter liegenden steilen Hang angelegt wurde. Vor allem dort und auf der Richtung Lingnerschloss liegenden Terrasse hatte Ottomar Heinsius von Meyenburg »ein Blumenparadies geschaffen, das auf deutschen Herrensitzen nicht leicht seinesgleichen haben dürfte«, wie Karl Großmann 1930 schrieb. »Liebevoll und mit wissenschaftlicher Gründlichkeit sind die Blumengruppen in zahllosen ausgewählten Arten so gepflanzt, daß sich im Frühling, Sommer und Herbst dem entzückten Auge ein wechselvolles Bild der vielfältigsten und reizvollsten Farbenschönheit bietet.«[117]

Meyenburg, der ähnlich wie Nachbar Lingner seinen Reichtum einem einzigen Produkt, nämlich der von ihm erfundenen Zahncreme Chlorodont, verdankte, war neben seiner Eigenschaft als Pharmazeut auch Botaniker. Er hatte das Grundstück 1925 erworben. Während er die behutsame Modernisierung der Villa in die Hände von seinem Bruder Georg und dessen Sohn Maximilian legte, gestaltete er mit 42 Gärtnern den Park um. Allein für die ständige Pflege der Pflanzungen hielt er später 18 Gärtner in Lohn und Brot.

Heute lebt die Parkanlage vor allem aus dem Kontrast streng durchgestalteter geometrischer und landschaftlicher Partien, dem einstigen Alpengarten am Elbhang und jener romantischen »Wildnis«, die aus dem schroffen Einschnitt des Mordgrundes wächst. Sie komplettiert ein Ensemble von Villen- beziehungsweise Schloss-Garten-Anlagen der zweiten Hälfte des 19. Jahrhunderts, dessen Reichtum meist aus der Ferne gesehen worden ist, wenn man nicht von hier in die Ferne schaute und »ordentlich Heimweh nach Sachsen bekam«.

Anmerkungen

1 Durs Grünbein, Nach den Satiren, Frankfurt/Main 1999, S. 153.

2 Wilfried Hansmann / Kerstin Walter, DuMont Geschichte der Gartenkunst. Von der Renaissance bis zum Landschaftsgarten, Köln 2006, S. 107.

3 Heinrich Magirius, Die Hoflößnitz, München / Berlin 1996, S. 17.

4 Ebenda, S. 5.

5 Magdalena Sibylle von Brandenburg (1586–1659) war die zweite Frau von Johann Georg I.

6 C. Quaisser, Vogelgemälde zwischen Kunst und Wissenschaft, in: Heinrich Magirius (Hrg.), 600 Jahre Hoflößnitz – Historische Weingutanlage, Dresden 2001.

7 Nach Heinrich Magirius, Die Hoflößnitz, a.a.O., S. 6.

8 Harald Marx, Matthäus Daniel Pöppelmann. Leben, Werk und Nachruhm, in: Matthäus Daniel Pöppelmann. Der Architekt des Dresdner Zwingers, hg. von Harald Marx, Leipzig 1990, S. 85.

9 Lothar Kempe, Schlösser und Gärten um Dresden, Leipzig 1992, S. 140.

10 Winfried Böhmer, Matthäus Daniel Pöppelmann und der Brückenbau, in: Matthäus Daniel Pöppelmann, a.a.O., S. 248.

11 Gabriele Uerscheln / Michaela Kalusok, Kleines Wörterbuch der europäischen Gartenkunst, Stuttgart 2001, S. 237.

12 Hugo Koch, Sächsische Gartenkunst, Berlin 1910, Reprint Beucha 1999, S. 236.

13 Nach: Günter Kavacs / Norbert Oelsner, Bauforschungen an mittelalterlichen Denkmalen in Sachsen, in: Denkmalpflege in Sachsen. Mitteilungen des Landesamtes für Denkmalpflege Sachsen 2003, Beucha 2004, S. 111.

14 Nach: Festschrift zur 800-Jahr-Feier von Diesbar-Seußlitz, [2005], S. 146.

15 Hugo Koch, Sächsische Gartenkunst, a.a.O., S. 235.

16 Nach Festschrift ..., a.a.O., S. 149.

17 Hugo Koch, Sächsische Gartenkunst, a.a.O., S. 235.

18 Nach Adolph Peters, General Dietrich von Miltitz, sein Leben und sein Wohnsitz. Nebst vier noch ungedruckten Briefen an ihn von Novalis und einem Facsimile von dessen Handschrift, in: Jahresbericht über die Königl. Sächs. Landschule Meißen, Meißen 1863, S. 15.

19 Ebenda, S. 16.

20 Hugo Koch, Sächsische Gartenkunst, Berlin 1910, a.a.O., S. 132.

21 Ralf Giermann, Die Sorgen an den Nagel hängen. Moritzburger Festkultur im augusteischen Zeitalter, Dresden 2005, S. 8.

22 Karl Ludwig Wilhelm Freiherr von Pöllnitz, La Saxe galante, Amsterdam 1734 (danach verschiedene deutsche Ausgaben).

23 Zitiert nach Ralf Giermann, Die Sorgen ..., a.a.O., S. 6.

24 Hans-Günther Hartmann, Moritzburg. Schloß und Umgebung in Geschichte und Gegenwart, Weimar 1990, S. 37.

25 Nach Hans-Günther Hartmann, a.a.O., S. 43.

26 Nach Sigfried Asche, Balthasar Permoser. Leben und Werk. Berlin 1978, S. 116.
27 Nach Abbildung in Hans-Günther Hartmann, a.a.O., S. 94.
28 Nach Hans-Günther Hartmann, a.a.O., S. 107.
29 Ralf Giermann, Die Monumentalmalereien auf Leder im Schloss Moritzburg, in: Jahrbuch der Staatlichen Schlösser, Burgen und Gärten Sachsen, Bd. 4, 1996, S. 139.
30 Nach Ralf Giermann, Die Monumentalmalereien ..., a.a.O., S. 140.
31 Nach Hans-Günther Hartmann, a.a.O., S. 139.
32 W. Lübke, nach Hans-Günther Hartmann, a.a.O., S. 149.
33 Hans-Günther Hartmann, a.a.O., S. 126.
34 Nach Magitta Coban-Hensel, 500 Jahre Bärnsdorfer Großteich und der Traum vom sächsischen Meer, in: Staatliche Schlösser, Burgen und Gärten Sachsen, Bd. 10, Dresden 2002, S. 41f.
35 Von Christoph Wetzel, nach dem verloren gegangenen Original von Johann Christoph Malcke (1725–1777).
36 Zitiert nach Hans-Günther Hartmann, a.a.O., S. 190.
37 Magitta Coban-Hensel, a.a.O., S. 48.
38 Zitiert nach ebenda, S. 46.
39 Max Pechstein, Erinnerungen, Wiesbaden 1960, S. 42.
40 Nach Volker Helas, Großer Garten in Dresden, Leipzig 2002, S. 111.
41 Gerald Heres, Die Aufstellungen der Marmorskulpturen August des Starken im Großen Garten, in: Der Große Garten zu Dresden. Gartenkunst in vier Jahrhunderten, Dresden 2001, S. 71.
42 Siegfried Asche, Balthasar Permoser. Leben und Werk, Berlin 1978, S. 57.
43 Erika Schmidt, Gedanken zum Umgang mit einem vielschichtigen Bestand, in: Der Große Garten zu Dresden, a.a.O., S. 153 ff.
44 Ebenda.
45 Nach Stephan Reinert, Überlegungen zum bau- und gartenkünstlerischen Schaffen Johann Friedrich Karchers (1650–1726), in: Der Große Garten zu Dresden ..., a.a.O., S. 43.
46 Marie Luise Gotheim, Geschichte der Gartenkunst, Bd. 2, Jena 1926, S. 264.
47 Zit. nach: Simone Balsam, Von Karcher zu Bouché. Wechselnde Ansätze gärtnerischer Gestaltung in der näheren Umgebung des Palais, in: Der Große Garten zu Dresden ..., a.a.O., S. 92.
48 Zit. nach: Harald Blanke, Die Entwicklungsgeschichte des Großen Gartens zu Dresden, in: Der Große Garten zu Dresden ..., a.a.O., S. 29.
49 Nach Winfried Werner, Das Palais im Großen Garten zu Dresden. Notizen zum Bau und seiner denkmalpflegerischen Wiederherstellung, in: Der Große Garten zu Dresden ..., a.a.O., S. 54.
50 Sigfried Asche, Balthasar Permoser und die Barockskulptur des Dresdner Zwingers, Frankfurt am Main 1966, S. 13.
51 Ebenda, S. 17.
52 Zit. nach Harald Marx, Matthäus Daniel Pöppelmann. Leben. Werk und Nachruhm, in: Matthäus Daniel Pöppelmann ..., a.a.O., S. 39.
53 Sigfried Asche, Balthasar Permoser und die ..., a.a.O., S. 284.
54 Zit. Nach: Heidrun Laudel, Planungen zum Dresdner Schloss, in: Matthäus Daniel Pöppelmann ..., a.a.O., S. 145.

55 Abb. in: Sigfried Asche, Balthasar Permoser und die..., a.a.O., S. 27.
56 Ebenda, S. 22.
57 Ebenda, S. 84.
58 Nach ebenda, S. 243.
59 Ebenda, S. 312.
60 Ebenda, S. 53 u. 56.
61 Michael Kirsten, Der Dresdner Zwinger, in: Matthäus Daniel Pöppelmann ..., a.a.O., S. 171.
62 Nach Sigfried Asche, Balthasar Permoser und die ..., a.a.O., S. 113.
63 Nach Harald Marx, Matthäus Daniel Pöppelmann ..., a.a.O., S. 27.
64 Zit. nach ebenda, S. 20.
65 Sigfried Asche, Balthasar Permoser und die ..., a.a.O., S. 16f.
66 Zit. nach: Michael Kirsten, Der Dresdner Zwinger, a.a.O., S. 173.
67 Nach Walter May, Das Holländische und das Japanische Palais, in: Matthäus Daniel Pöppelmann ..., a.a.O., S. 202.
68 Zit. nach Eva Papke, Brühlsche Terrasse in Dresden, Leipzig 2003, S.33
69 Manfred Zumpe, zit. nach ebenda, S. 40.
70 Fritz Löffler, zit. nach ebenda, S. 40.
71 Zit. nach ebenda, S. 47.
72 Hofkalender, zit. nach Hans-Günther Hartmann, Pillnitz. Schloß, Park und Dorf, Weimar 1996, S. 43.
73 Egon Friedell, Kulturgeschichte der Neuzeit, München 1969, S. 568.
74 Winfried Hansmann u. Kerstin Walther, DuMont Geschichte der Gartenkunst, Köln 2006.
75 Hans-Günther Hartmann, Pillnitz ..., a.a.O., S. 75.
76 Nach ebenda, S. 87.
77 Zit. nach ebenda, S. 105.
78 Zit. nach Dirk Welich, Die Fresken der katholischen Kapelle im Schloß Pillnitz, in: Jahrbuch der Staatlichen Schlösser, Burgen und Gärten in Sachsen, Bd. 4, Dresden 1996, S. 112f.
79 Nach Hans-Günther Hartmann, Pillnitz ..., a.a.O., S. 183.
80 Nach ebenda, S. 127.
81 Nach Jens Scheffler, Die Nachahmung der Natur, durch Kunst und Ordnung verherrlicht. Zur Geschichte des Englischen Gartens im Schlosspark Pillnitz, in: Staatliche Schlösser, Burgen und Gärten Sachsen 2002, Jahrbuch Bd. 10, S. 20.
82 Zit. nach Hans-Günther Hartmann, Pillnitz ..., a.a.O., S. 140.
83 Ebenda, S. 203.
84 Ebenda, S. 145.
85 Marie Luise Gotheim, Geschichte der Gartenkunst, a.a.O, S. 264.
86 Hugo Koch, Sächsische Gartenkunst, a.a.O., S. 138.
87 Winfried Hansmann/Kerstin Walter, DuMont Geschichte der Gartenkunst, a.a.O., S. 161. Auch: Dieter Hennebo/Alfred Hoffmann, Geschichte der deutschen Gartenkunst, Köln 1983, S. 191.
88 Gustav Adolph Abendroth, Großsedlitz. Geschichte des königlichen Schlosses und Gartens ..., Dresden 1862, S. 50.

89 Nach Simone Ruby, Raumbildung und pflanzliche Ausstattung im Barockgarten Großsedlitz, in: Jahrbuch der Staatlichen Schlösser, Burgen und Gärten in Sachsen, Bd. 5, Dresden 1997, S. 152ff.

90 Nach Simone Ruby, a.a.O., S. 156f.

91 Winfried Hansmann/Kerstin Walter, a.a.O., S. 164.

92 Hans-Günther Hartmann, Barockgarten Großsedlitz, Leipzig 2002, S. 35f.

93 Nach Gabriele Uerscheln/Michaela Kalusok, Kleines Wörterbuch ..., a.a.O., S.264.

94 Johann Georg Herzog von Sachsen (Hg.), Briefwechsel zwischen Johann von Sachsen und den Königen Friedrich Wilhelm IV. und Wilhelm I. von Preußen, Leipzig 1911, S. 164.

95 Nach Hendrik Bärnighausen, Schloss Weesenstein, Leipzig 2003, S. 43.

96 Nach ebenda, S. 13.

97 Hier ist der revidierte Luthertext zitiert.

98 Hendrik Bärnighausen, Schloss Weesenstein, a.a.O., S. 16.

99 Ebenda, S. 59.

100 Zitiert nach Kathrin Franz, Nachwort, in: Karl Josef Friedrich, Führer durch das berühmte Seifersdorfer Tal. Berlin 1994, S. 94 u. 87.

101 Cornelius Gurlitt, Beschreibende Darstellung der älteren Bau- und Kunstdenkmäler des Königreichs Sachsen, Heft 26, Dresden 1904. Zitiert nach Hugo Koch, Sächsische Gartenkunst, a.a.O., S. 356f.

102 Adrian von Buttlar, Der Landschaftsgarten, Köln 1989, S. 152 u. 157.

103 Ebenda, S. 152.

104 Im einem Brief Tina von Brühls an den Verleger Johann Friedrich Cotta. Zit. nach Kathrin Franz, a.a.O., S. 93.

105 Adrian von Buttlar, a.a.O., S. 154.

106 Kathrin Franz, a.a.O., S. 99.

107 »Sie, und nicht wir«, ein Gedicht von Friedrich Gottlieb Klopstock: »Hätt' ich hundert Stimmen; ich feyerte Galliens Freyheit / Nicht mit erreichendem Ton, sänge die göttliche schwach ...«, Deutsches Gedichtbuch, Berlin 1959, S. 133f.

108 Nach Adrian von Buttlar, a.a.O., S. 157.

109 Karl Josef Friedrich, Führer durch das berühmte Seifersdorfer Tal. Berlin 1994, S. 23.

110 Zitiert nach Hugo Koch, Sächsische Gartenkunst, a.a.O., S. 364.

111 Nach Ingrid Eisold, Geschichte von Herrschaft und Schloss zu Hermsdorf, Dresden 2006, S. 47.

112 Hugo Koch, Sächsische Gartenkunst, a.a.O., S. 308.

113 Zit. nach Karl Großmann, Die Albrechtschlösser bei Dresden, Dresden 1930, S. 8.

114 Zit. nach ebenda, S. 8.

115 Ebenda.

116 Nach ebenda, S. 16f.

117 Ebenda, S. 26.